beck'sche reihe

Dieser Überblick über die Malerei und Architektur des 20. Jahrhunderts reicht von den Bauten der zwanziger Jahre bis zur Architektur der Dekonstruktionisten, vom ersten abstrakten Bild bis zum Video.

Dabei entwickelt der Autor ein Geschichtsmodell, das die unterschiedlichen Stilphasen unseres Jahrhunderts erneut unter dem Begriff der Moderne zusammenfaßt. Im Versuch, Kunst und Leben ineinander aufgehen zu lassen, überlebte sich die klassische Moderne der ersten Jahrhunderthälfte. Die Postmoderne gab dem Kunstwerk erneut seinen Scheincharakter zurück. Die Zweite Moderne, deren Entstehen wir soeben verfolgen, läßt die Fiktion zwar wieder zu, doch nicht länger als Historismus wie die Postmoderne, sondern in den Formen der Gegenwart. Zu den klassischen Gattungen treten jetzt die Medienkünste hinzu, die das Ausdrucksspektrum der Kunst beträchtlich erweitern und das statische Bild mit dem bewegten Bild konfrontieren.

Am Ende dieser pointierten Analyse steht die spannende Frage: Wird es der Zweiten Moderne schließlich gelingen, was Kunst bisher nie gelungen ist: Kunst und Leben zu vereinen – oder sind die künstlerischen Ressourcen der Gegenwart ausgebrannt?

*Heinrich Klotz* (1935–1999), Professor für Kunstgeschichte, Gründer des Deutschen Architekturmuseums in Frankfurt a. M. und des Zentrums für Kunst und Medientechnologie in Karlsruhe, amtierte seit 1991 auch als Gründungsrektor, seit 1998 als Präsident der Staatlichen Hochschule für Gestaltung Karlsruhe. Im Mittelpunkt seiner Publikationen standen Fragen der Architekturgeschichte, ästhetischen Theorie und der Kunst des 20. Jahrhunderts. Bei C. H. Beck ist außerdem von ihm erschienen: ‹Die Zweite Moderne› (Hrsg., 1996), ‹Die Entdeckung von Çatal Höyük› (1998), ‹Geschichte der deutschen Kunst, 1. Band: Mittelalter 600–1400› (1998).

Heinrich Klotz

# Kunst im 20. Jahrhundert

## Moderne – Postmoderne – Zweite Moderne

Verlag C. H. Beck München

Eine Veröffentlichung der
Staatlichen Hochschule für Gestaltung Karlsruhe

Mit 93 Abbildungen im Text, davon 8 in Farbe

Die Deutsche Bibliothek – CIP-Einheitsaufnahme:

*Klotz, Heinrich:*
Kunst im 20. Jahrhundert : Moderne – Postmoderne – Zweite Moderne / Heinrich Klotz. [Eine Veröffentlichung der Staatlichen Hochschule für Gestaltung Karlsruhe]. – 2., durchges. Aufl. – München : Beck, 1999
(Beck'sche Reihe ; 1337)
ISBN 3 406 42137 7

ISBN 3 406 42137 7
Die erste Auflage erschien im Verlag C. H. Beck
Zweite, durchgesehene Auflage. 1999
Umschlagentwurf: +malsy, Bremen
Umschlagabbildung: Gerhard Richter, Abstraktes Bild (Ausschnitt), 1984
Gestaltung: Caroline Sieveking, München

Gesamtherstellung: C. H. Beck'sche Buchdruckerei, Nördlingen
Gedruckt auf säurefreiem, alterungsbeständigem Papier
(hergestellt aus chlorfrei gebleichtem Zellstoff)
Printed in Germany

# Inhalt

# Voraussetzungen

Der zusammenfassende Begriff für die Geschichte der Kunst des 20. Jahrhunderts ist der Begriff der Moderne. Alle Alternativen zur Moderne, auch die erzwungenen, sind gescheitert. Die Diktatoren-Klassizismen Hitlers, Stalins, Francos und Mussolinis haben sich erledigt. Neo-Barock und Heimatstil sind ins Leere gelaufen. Dennoch waren die Resultate aller Tendenzen der bildenden Kunst und Architektur, die der Moderne entgegenstanden, auf sie bezogen. Auch die Postmoderne als «Revision der Moderne» ist Teil der Moderne.

Der bisherige Geschichtsverlauf der ästhetischen Moderne ist geprägt von einigen epochalen Strömungen:
1. von der Avantgarde (Klassische Moderne – Internationaler Stil), 2. von den Diktatoren-Klassizismen der Reaktion, 3. von der Nachkriegsmoderne (Fünfziger Jahre), 4. vom «Bauwirtschaftsfunktionalismus», 5. von der Postmoderne. Am Ende des Jahrhunderts öffnet sich die Perspektive: Zweite Moderne.[1] Vermutlich wird diese letzte Phase erst in den kommenden Jahren deutlicher zu erkennen sein.

Auch die Postmoderne bedarf unter dem Aspekt der Gesamtgeschichte der Moderne einer – bislang noch ausstehenden – Deutung. Der Rückblick auf das Jahrhundert der Moderne und der Vorausblick erfolgen also vom Standpunkt der jüngsten Resultate aus.

Unsere Darstellung führt schließlich über die Postmoderne hinaus zu den schon erkennbaren Ergebnissen der Zweiten Moderne. Sie bringt eine Stärkung der ursprünglichen Initiativen der Moderne.

## Die postmoderne Ausgangslage: Entgrenzung und Fiktion

Schon beginnen wir, auf die Postmoderne zurückzublicken – Vergangenheit! Aber was die Postmoderne eigentlich war, erfahren wir deshalb nicht, weil sie für alles und jedes schuldig gesprochen wurde. Das ganze Unbehagen einer Epoche hat sie auf sich gezogen: Nostalgie und Historismus, die Unverbindlichkeit des Beliebigen und ausufernder Hedonismus, Punk und Ambiente-Design, Dekoration und Anti-Rationalismus sind nur einige der konstatierten Symptome postmoderner Pathologie. Da hat auch der Hinweis nicht geholfen, daß die Postmoderne nicht eine Erledigung der Moderne bedeutete, sondern ein Ende der Avantgarde-Dogmatik.

Verzichtet man auf Vorabzuweisungen, so stellt sich die Frage, ob nicht die Postmoderne dem ästhetischen Diskurs der Moderne noch angehört, also nicht kurzerhand eine aggressive Gegenposition beschreibt, sondern eine «Revision der Moderne» darstellt.

Wie immer die postmoderne Pathologie des allgemeinen Lebens ausgewiesen werden kann und wie immer die «neue Unübersichtlichkeit» (Habermas) eine postmoderne Unübersichtlichkeit gewesen sein mag und noch immer ist – es stellt sich im Gegenzug die einschränkende Frage, wie denn der *ästhetische* Diskurs der Postmoderne ausgesehen hat; eingeschränkt deshalb, weil der Auslöser der Postmoderne-Debatte ursprünglich ein *ästhetischer* Diskurs war, der unter beträchtlicher Mißachtung seiner originalen Anlässe von Philosophie und Soziologie usurpiert wurde.[2]

Allerdings hat der Hauptvertreter des ästhetischen Diskurses der Postmoderne, Charles Jencks, an der Ausdeutung der Postmoderne als Regression großen Anteil, da er deren Hauptantriebskraft zugleich auch im Aufgreifen einer anderen «Sprache» erkennen wollte, einer «überwiegend historisierenden» Sprache. «The Language of Postmodern Architecture»[3] war zu einer Sprache historisierender Architektur geworden, was – kritisch gewendet – eine nostalgische Abkehr von der Sprache der Moderne bedeutete. Damit war, trotz gegenteiliger Versicherungen, den Gegnern der neuen Tendenzen das Argument in die Hand gegeben, im Felde der Architektur bestätige sich, was als die allgemeine Tendenz zur Nostalgie und damit zur Anti-Moderne erkennbar wurde. Die Deckungsgleichheit von Historismus in den Künsten einerseits und nostalgischem Regreß in der allgemeinen Lebenspraxis andererseits wurde zum exemplarischen Grundmodell der Postmoderne-Kritik.

Wenn auch dieser Schematismus durchaus relativiert wurde, so blieb er doch weitgehend Grund- und Populärverständnis der Postmoderne.

Die «Revision der Moderne» war jedoch nicht nur ein Austausch der «Sprachen», postmodern gegen modern, historisch gegen abstrakt. Was bei Jencks Sprache heißt, entpuppt sich letztlich als Stil: Das stilistische Vokabular wird ausgetauscht, um dem Modebedürfnis nach Wende und Wechsel Genüge zu tun. Das Vokabular der Sprache ist nur die Form von Inhalten, die den eigentlichen Wandel bedeuten. Daß überhaupt Inhalte wieder in die Architektur eingingen, daß aus ihrer «Gegenstandslosigkeit» wieder eine «Darstellung» werden konnte, daß eine «Resemantisierung» stattfand und damit der Funktionalismus überwunden wurde, war das besondere Ereignis der Postmoderne. Der Einsatz historischer Formen bedeutete unter dem Vorzeichen einer «darstellenden» Architektur eine Ausweitung der verfügbaren Vokabularien, die eine Resemantisierung verstärkten und die Architektursprache zwischen Moderne und Geschichte pluralisierte und nicht nur historisierte.

Damit reagierte die Postmoderne auf das am weitesten vorgetriebene Postulat der modernen, inzwischen ermüdeten Avantgarde, nämlich der Kunst eine andersartige Wirksamkeit zu verleihen als nur eine ästhetische. Das wesentliche Antriebsmoment der Avantgarde bestand darin, die Kunst in etwas zu verwandeln, was sie nicht war: in Leben. In nahezu allen Bereichen und Gattungen der Künste hat die Avantgarde das Ziel verfolgt, Illusion und Fiktion zu überwinden und in Leben zu überführen.

Wie im folgenden gezeigt wird, ist die Abstraktion die Voraussetzung dieser avantgardistischen Entgrenzung der Kunst. Die ästhetischen Formen der Entgrenzung sind Formen der Abstraktion, wie etwa der «shaped canvas» als «ästhetisches Ding» oder das Happening als Fortsetzung von Jackson Pollocks informeller Malerei. Nicht das *Vokabular* der Gegenstandslosigkeit und der «Selbstbegründung» (Habermas) war die Essenz der Avantgarde, sondern ihr ausgreifendes Programm der Verwandlung von Kunst in Leben, das heißt der Aufhebung der Kunst als das nur Künstliche. Entgrenzung in den Künsten und ein rigoroser Funktionalismus in der Architektur waren die letzten Resultate einer Avantgarde, die im Namen dieses Entgrenzungsanspruchs den ästhetischen Gehalt des Werks auf Restpartikel und Theoriebelege minimalisiert hatte.

Der Prozeß dieser versuchten Aufhebung des Ästhetischen als «Kunst» ist der Weg der Moderne, der zum «Ende der Avantgarde»[4] führt. Dieses Ende konzentriert sich im Scheitern ihres zentralen Dogmas, der Aufhebung der Fiktion.

Auf diese problematische Lage antwortet eine revidierte Ästhetik, der die Einsicht in die Unmöglichkeit der Gleichsetzung von Kunst und Leben vorausgeht. Sie reagiert nicht allein vordergründig mit dem Einsatz eines neuen Vokabulars, einer neuen Sprache, sondern sie revidiert den an seiner Radikalität gescheiterten Programmanspruch der Avantgarde.

Die Postmoderne ist die ästhetische Neusetzung der Fiktion.

Die Erneuerung der Fiktion bedeutet, daß die Entgrenzungsprogramme der Moderne, die seit den zwanziger Jahren die Kunstgeschichte bestimmt haben, zurückgenommen wurden. Der Kunst die Verhaltenheit des Ästhetischen zu nehmen, sie den Bindungen des schönen Scheins zu entheben und ihr die Relevanz einer das Leben durchdringenden und das Leben verändernden Kraft zu verleihen, war das Avantgarde-Programm, das den Anspielungsreichtum des Fiktiven durch die Identität von Kunst und Leben ersetzen wollte. Die Postmoderne als eine «Revision der Moderne» fordert die Grenzen der Kunst als das Fiktive zurück.

Mit den jüngsten Realisierungen dieses Avantgarde-Programms, dem Happening, dem «ästhetischen Ding» und der Concept Art, waren die Möglichkeiten der Avantgarde bis zur Neige ausgeschöpft, war ein Extrempunkt markiert, an dem die Kunst bis zur Auflösung über sich hinausgewachsen war.

Die postmoderne Architektur war Antwort auf eine zugespitzte Situation, die von der fruchtbaren Komplexität der Moderne dieses Jahrhunderts nur noch ein funktionalistisches Bruchstück übriggelassen hatte. Der Rationalismus des Bauhauses wurde zum Zweckrationalismus der jüngsten Containerarchitektur; die Abstraktionstendenzen in der Malerei des Jahrhundertanfangs wurden zum geometrisierenden Rechenexempel oder führten zur Nullsituation der weißen Leinwand, einer rationalistisch bis ans Ende der Kunst gedachten Folgerichtigkeit. Zuletzt trat das gedachte «Konzept» an die Stelle des gemachten Werks. Die theoretisierenden Voraussetzungen dieser Kunst haben sich über das Werk gestülpt und es zum bloßen Beleg des Gedachten gemacht. Die Moderne mündete in einen Entsinnlichungsprozeß der Kunst. Sol Le Witt behauptete sogar, daß Ideen allein Kunstwerke sein können.

Aber die Postmoderne setzte sich nicht absolut gegen die Tradition der Moderne, sondern sie reagierte auf diese und veränderte deren Programmatik. Im Unterschied zur Moderne, welche die Vergangenheit erledigen wollte und aus sich selbst heraus ihre Begründung suchte, war die Postmoderne der Versuch einer Kurskorrektur. Sie war nicht revolutionär, sondern revisionistisch; sie schaffte die Moderne nicht ab, sondern widersprach ihren geschichtlich entstandenen Irrtümern.

Deshalb konnte und kann es nicht richtig sein, wenn die Moderne als Garant der Rationalität einem neuen Irrationalismus der Postmoderne entgegengesetzt wird, als habe der Tag der Vernunft die neu aufgezogene Dunkelheit der Willkür und der Reaktion vertreiben müssen. Die «Aufklärung» visierte die «Gegenaufklärung» an, als sei die Moderne in irrationale Abgründe hineingerissen worden. Anstatt dem Irrationalismusverdacht nachzugeben, wäre es weit besser gewesen, nicht länger den philosophischen Diskurs der Moderne als den alleinigen Maßstab zu nehmen, sondern dem ästhetischen Diskurs der Postmoderne so weit zu folgen, wie auch in ihm Vernunft enthalten ist.

Wie sehr Kunst und Architektur der Postmoderne noch den Schmerz enthalten, das «Projekt der Moderne» nicht ungebrochen fortsetzen zu *können*, hätte als eine der Voraussetzungen exemplarischer Werke der Postmoderne erkannt werden müssen. Daß diese den Bruch nicht freudig zelebrierten, sondern als Brechung ästhetisch zum Thema erhoben haben, ist eines ihrer besonderen Merkmale.

Schärfer als in anderen Künsten ist vor allem in der Architektur der Widerstreit zwischen Kunst und Nutzen zum Thema erhoben worden. Der Funktionalismus ist die von aller Fiktion entleerte Architektur, die am nützlichsten ist, wenn ihre Ästhetik nicht mehr zur Debatte steht. Das Einswerden von Kunst und Leben ist der Vulgär-Funktionalismus einer Behälter-Architektur, ist die letzte Konsequenz eines konsequent «funktionalen» Bauens. Und weil der Widerstreit zwischen Fiktion und Funktion in der Architektur am deutlichsten zugunsten der Nützlichkeit entschieden worden war, kam von hier auch die erste und schärfste Gegenwendung. Mit der einsetzenden Postmoderne wurde der Versuch unternommen, die Architektur zu resemantisieren und ihr neben der Erfüllung der

Funktionen einen Bedeutungsgehalt, ein fiktionales Darüber-Hinaus zurückzugeben.

Aber auch in den anderen Künsten hat sich die Programmatik der Moderne in vergleichbarer Weise ausgewirkt. Die Avantgardebewegung setzte ein mit einer Radikalisierung des Autonomiestatus des Kunstwerks.[5] Bereits das 19. Jahrhundert hatte die Malerei weitgehend von ihren Aufgabenbindungen befreit und das L'art pour l'art unverbrämt hervortreten lassen; doch erst mit der Moderne hatte die Kunst ihre letzte Bindung, das Korrektiv des Gegenstandes, verloren. Dies war der entscheidende Schritt hin zum «rein Schönen»; erst das Kunstwerk, das über den abstrahierten Gegenstand hinausging und zur reinen Form aus Linie, Fläche und Farbe wurde, war autonom. Kandinskys[6] «Erstes abstraktes Bild» (Abb. 1) war auch das erste autonome, ganz auf sich bezogene Bild, ein *«gegenstandsloses» Kunstwerk*[7], war das folgerichtige Ergebnis einer Kunst, die nicht nur alle Auftraggeberinteressen abgeworfen hatte, sondern die Forderung nach Formenreinheit so weit trieb, daß auch die letzten Spuren eines Bezugs zur Wirklichkeit, eine anleitende Vergleichung mit dem Vorgegebenen der Natur, ausgetrieben waren und damit eine «Malerei an sich», freie, autonome Malerei allein nach der Bestimmung des Künstlers möglich wurde. Das gegenstandslose Kunstwerk der Moderne war im reinsten Sinne ein Werk des L'art pour l'art.

Hatte erst das Kunstwerk diesen Freiheitsgrad erreicht und war sein mimetisches Verhältnis zur Natur gekappt, so wurde eine andere Beziehung um so bedeutsamer: die Beziehung zwischen der Leinwand und dem Künstler selbst. Auf den Maler und die leere Fläche vor ihm konzentrierte sich das Spannungsverhältnis der Produktion des autonomen Kunstwerks. Das Tun selbst, der Vorgang der Herstellung als Handlung und Bestandteil des Lebens, konnte für sich zum Kunstwerk werden, ohne daß sein Produkt, das gemalte Bild, als Ausweis des Herstellungsprozesses daraus resultieren mußte.

Lucio Fontanas Schnitt in die Leinwand, Yves Kleins Malerei mit in blaue Farbe getauchten Frauenkörpern oder Jackson Pollocks expressive Aktion des Farbtropfens konnten auch als vom Produkt befreite, ins Leben eingehende Aktionen verstanden werden. Die künstlerische Aktion zielte also von der Leinwand weg unmittelbar ins Leben hinein, um jenseits des künstlerischen Mediums das Werk von Schein und Fiktion freizumachen und es im Leben aufgehen zu lassen.[8]

1 Wassily Kandinsky, *Erstes abstraktes Bild*, Aquarell, 1910/1913, Musée National d'Art Moderne, Paris

Am äußersten Punkt seiner Autonomisierung wurde das Kunstwerk zugleich zu seinem Gegenteil: zu Leben. Kunst gleich Leben – Leben gleich Kunst! Das aus dem Action Painting Jackson Pollocks hervorgegangene Happening sollte einerseits die Kunst von ihrer Künstlichkeit befreien, wie andererseits auch das Leben mit der Kunst zur Deckung bringen.

Dieser die Avantgarde während der sechziger Jahre durchdringende Impuls führte nicht nur die Moderne zu einem Höhepunkt, sondern auch die Kunst vom Leben ins Museum zurück. Das Happening fand einerseits seine Fortsetzung in der Revolte von 1967/68, ergoß sich ins Leben und wurde andererseits zur Video-Konserve, zum Dokument seiner selbst.

Auf ähnliche Weise sind alle Entgrenzungsversuche der Kunst wieder ins Museum zurückgelaufen: So sehr die Kunst in das Leben vorstieß, so sehr wurde sie von den Institutionen der Kunst wieder eingefangen. Die Progressivität der Avantgarde bestand in dem heroischen Anspruch, Kunst und Leben zu vereinen, worin auch ihr Ende bereits angelegt war. Sie hat das Neue und Bewegende aus diesem Anspruch gewonnen, hat die Kunst der Moderne über alle Grenzen der Kunst hinausgehoben – um dort zu enden, wo die Kunst erneut die Distanz zum Leben behaupten muß.

Die Rückkehr zur Leinwand ist die Abkehr von Action und Concept Art, die Rückkehr vom Leben in die Kunst: Postmoderne. Diese Rückkehr ist mit der Einsicht verbunden, das Fiktive auch in Zukunft zum Leben zu brauchen. Desillusioniert, ernüchtert kehren wir zur Fiktion, zur Illusion zurück.

# 1. TEIL
# MODERNE

## Selbstbegründung

Mit der Moderne kam der Tabula-rasa-Anspruch auf, alles von Grund auf neu zu gestalten. Wie immer die unterschiedlichen Bestrebungen moderner Kunst und Architektur ausgesehen haben, sie alle treffen sich in dem Fluchtpunkt einer geschichtsunabhängigen Neuheit. Alles neu zu beginnen und ab ovo neu zu denken, ist die grundlegende und vereinigende Maxime aller Richtungen und Gattungen der modernen Kunst und Architektur.

Während zu anderen Zeiten der europäischen Geschichte Umbrüche damit verbunden waren, die Neuheit mit dem Verweis auf ein neues historisches Vorbild zu begründen und zu legitimieren, hat die Moderne jeden Rückbezug auf Geschichte als das sie selbst verratende Gegenprogramm entlarvt. Moderne hieß allein, von heute her die Zukunft zu denken; bedeutete, Orientierung allein an sich selbst zu finden.

Der Selbstbegründungsanspruch der Moderne führte zu einer Radikalität der Neusetzung, die jedes historische Paradigma verwarf. Die Moderne war das Unvergleichbare. Jürgen Habermas hat diese Definition der Moderne seinem «philosophischen Diskurs der Moderne» vorangestellt. Im Unterschied zu allen anderen Epochen sieht er die Moderne dazu verurteilt, «ihr Selbstbewußtsein und ihre Norm aus sich selbst zu schöpfen».[9]

In der amerikanischen Kunsttheorie des 20. Jahrhunderts wurde früher schon entsprechend der Habermas-Definition das grundlegende Merkmal der Moderne in ihrer «self-referenciality» gesehen. Damit war zugleich gemeint, daß sich auch jeder Bezug zu einer äußeren Wirklichkeit im Sinne gleich welcher Nachahmungstheorie erledigt habe. Nicht der Vergleich mit einer mehr oder weniger stimmig nachgeahmten Natur entscheide über den Rang oder die Wirkung eines Kunstwerks, sondern allein die vom Kunstwerk selbst gesetzte Realität enthalte auch seine Beurteilungsnorm.

Die Beziehungslosigkeit zur Erfahrungswirklichkeit und zur Geschichte als Unabhängigkeit von Naturbeobachtungen und historischem Vorbild hebt die Kunst in den Status einer «Reinheit», die von Anfang an die Tendenz in sich trug, das Werk zu einer Sache für sich zu machen, es nicht länger in einer Differenz zur Wirklichkeit bestehen zu lassen, aus der es in einer sich unterscheidenden

*Vergleichbarkeit* seinen besonderen ästhetischen Charakter bezog, sondern das Werk in ein «Objekt» zu verwandeln, in ein zwar aus dem Zweckzusammenhang der Lebenspraxis befreites, dennoch der Objektwelt angehörendes ästhetisches Ding.

## Pluralismus

Tatsächlich war die Radikalität des Neuheitsanspruchs von allen Seiten her begründet.

In der Architektur ließen sich seit der Einführung neuer Materialien wie Eisen, Stahl, Beton und Glas die Stiltraditionen nur noch als «Maskerade», als «Fassadenarchitektur» durchhalten. Die Genesis der Moderne hat in der Architektur darin ihren Schwerpunkt, den wahren Kern der Dinge ans Licht zu bringen und sie «ungeschminkt zu zeigen». Diese Aufdeckungs- und Ernüchterungsphase der Vor-Moderne findet ihren Abschluß in der das wahre Wesen der Konstruktion ans Licht bringenden Architektur eines Mies van der Rohe, der die Charakteristik der neuen Materialien nutzt, um mit dem gänzlich Neuen seiner Stahlrahmen- und Betonskeletthochhäuser zugleich auch die historischen Stilvorbilder, die im Chicagoer Hoch-

2 Wassily Luckhardt, *Kultbau,* Entwurf, Federzeichnung, 1920, Akademie der Künste, Plansammlung, Berlin

3 Hermann Finsterlin, *Architektur (Gaststätte)*, Variante, Aquarell, 1920–1924, Staatsgalerie Stuttgart

hausbau des späten 19. Jahrhunderts noch immer berücksichtigt wurden, zu verabschieden.[10] Das Neue war das «selbstbegründet» Neue, das die Eigenschaften der neuen Materialien zur Deckung brachte mit der Formabsicht. Die Steinarchitektur der Geschichte war nicht Vorbild, sondern Gegenbild geworden. In der weitgehenden Deckungsgleichheit von Material und Form begründet sich das Rationalitätsaxiom Mies van der Rohes und des Neuen Bauens. Die Avantgarde-Bewegung der Klassischen Moderne suchte nicht nach Stilexempla, jedoch nach bestätigenden Bezugskategorien, durch die sich die Formerfindung bestimmen ließ.

Während Mies van der Rohe und eine Phalanx weiterer Architekten die rationalistische Begründung der Form im Verweis auf die Materialeigenschaften erfuhren, suchten andere Architekten im Umkreis der Berliner Moderne Berufungsinstanzen in den unterschiedlichsten Vorgaben. Wenn erst die Geschichte als exemplarischer Rückbezug abgeschafft war, konnte eine Fülle anderer, jedoch stets *ahistorischer* Verweisbezüge an deren Stelle treten. So suchten die

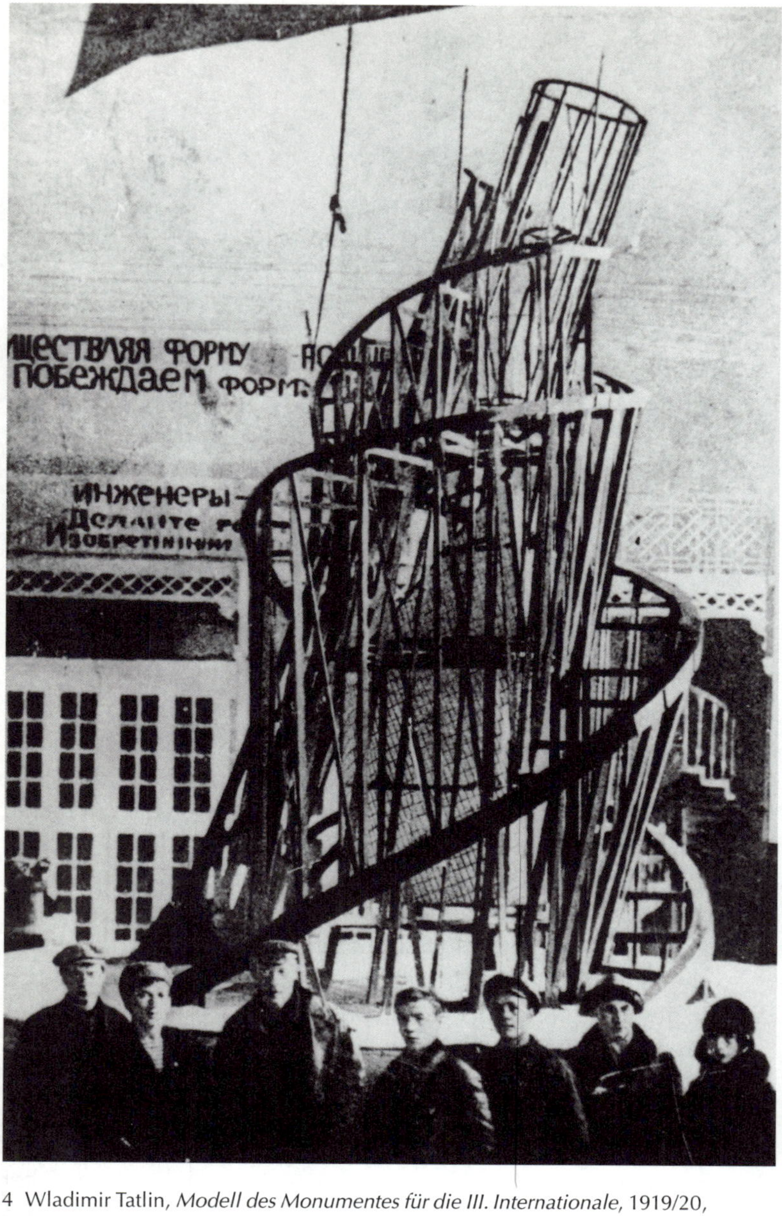


4 Wladimir Tatlin, *Modell des Monumentes für die III. Internationale*, 1919/20, Petrograd

5 Walter Gropius, *Bauhaus, Dessau*, 1926

Berliner Expressionisten im mineralischen Bildungsprozeß des Kristalls die ideale Parallele zum Bau. Bruno Taut, die Gebrüder Luckhardt und der Literat Paul Scheerbart erfanden die Kristallarchitektur (Abb. 2).

Hingegen nahm Hermann Finsterlin Maß am organischen Wachstum und ersann plastisch gemodelte, organisch wuchernde Phantasiearchitekturen, die jenseits aller bekannten Bauvorstellungen lagen (Abb. 3). Die sowjetischen Konstruktivisten beriefen sich auf die Gegenwart der Maschine, auf den elementierten Gerüstbau der Ingenieurarchitektur (Eiffelturm), um daraus das Programm einer «Maschinenästhetik» abzuleiten (Abb. 4). Le Corbusier, Walter Gropius und Jacobus Pieter Oud fanden schließlich ihre Bestätigung in den einfachen und rationalen Formen der Geometrie (Abb. 5). Zurück zu den Anfängen allen Bauens, zurück zum vorhistorischen Beginn der Architektur, zur geschichtslosen Reinheit der Formen! Die ornamentlosen Elementarkörper der Stereometrie als Untergrund eines neuen Bauens zu entdecken – daraus wurde später der Internationale Stil.

Aus dem Selbstbegründungsprozeß der Moderne ergab sich zwangsläufig ein Referenzpluralismus: Da war die stilgeschichtlich unverdorbene Ontologie der geometrischen Elementarkörper ebenso wie der Expressionismus organischen und kristallischen Wachstums, die historisch unbefleckten Urformen der Natur wie der Konstruktivismus mit seiner «Maschinenästhetik».[11]

Wenn historische Vorbilder als Orientierungsmarken nicht mehr gelten sollten, so konnte sich schließlich ein jeder auf diese oder jene Vorgehensweise, auf dieses oder jenes Beispiel berufen.

Bald stellte sich heraus, mit der Ablehnung eines historischen Paradigmas die größere Unverbindlichkeit der Begründungsbezüge eingetauscht zu haben. Der Stilpluralismus ist die zwangsläufige Folge des Selbstbegründungsanspruchs der Moderne.

Vom Historismus des 19. Jahrhunderts unterscheidet sich der Stilpluralismus der Moderne durch eine Freisetzung der Wahl, die weit über die Wahl der historischen Stilvorbilder hinausgeht. Die besorgte Frage des Baron von Hübsch: «In welchem Style sollen wir bauen?»[12] erscheint nun als irregeleitete Kulturbeflissenheit. Während das 19. Jahrhundert sich an die Formfixierungen der Kunstgeschichte hielt und allein deren Kleider wechselte, taucht die Moderne auf den Grund hinab und macht sich unterhalb der Geschichte alle Vorgehensweisen und Formpotentiale verfügbar, sucht das Unterste und Erste, das Archaische, ebenso zu ergründen wie die geschichtliche Unbeflecktheit von Bios, Geometrie und Maschine.

In Malerei und Plastik bestätigt sich auf andere Weise das für die Architektur gezeichnete Bild eines Referenzpluralismus der Avantgarde-Bewegung. Die vielen -ismen sind die Etikettensammlung der Klassischen Moderne. Hier wurden wie in der Architektur die Geschichtsbezüge ausgetrieben. Mit der *imitatio naturae* waren zugleich auch deren kunstgeschichtliche Ausformulierungen der Stile zurückgelassen worden. Der Rückzug auf die reine Form, auf die reine Farbe und die reine Fläche, auf die elementaren Qualitäten der Malerei, war das Ergebnis. Die subjektive Bilderfindung war nicht mehr auf das Korrektiv der Natur bezogen, sondern auf die mitgegebenen Theorien der Selbstbegründung. Die Kunst wurde ebenso

▷ 6 Salvador Dali, *Riesige Mokkatasse, fliegend, mit unerklärlicher Fortsetzung von 5 m Länge,* Öl auf Leinwand, 1944/45, Privatbesitz Basel

theorieabhängig wie «kommentarbedürftig» (Arnold Gehlen). Die Theorien waren ebenso vielfältig wie die Setzungen der Vorgehensweisen.

Wenn aber die alten Kunstmittel realistischen Darstellens weiterverwendet wurden wie im Surrealismus, wurde gleichzeitig die Kausalität der realen Dingordnung zerstört. Die Surrealisten operierten weiter mit den Stilformen der Gegenständlichkeit, um die Absurdität der Gegenstandsbezüge darzustellen (Abb. 6). Die *imitatio naturae*, als Kunstmittel relativiert, war der Avantgarde-Bewegung so lange nicht gänzlich verdächtig, als der Surrealismus die Naturgesetze negierte. Sogar der dreidimensionale Illusionsraum konnte weiterbestehen, solange die «Dinge» Dingerfindungen blieben, welche die Realitätserfahrung sprengten. Das «Projekt der Moderne» stand nicht in Frage, solange nur das Tageslicht des Rationalismus seine surrealen Schatten warf. Der Selbstbegründungsanspruch war – nicht in der Verwendung historisch realistischer Kunstmittel, sondern in der Erfindung einer absurden Gegenwelt – noch immer gewahrt.

Diese gegenüber dem Surrealismus gezeigte Toleranz schwand, als mit der Heraufkunft der Postmoderne das Selbstbegründungsgebot gebrochen wurde und die Berufungsinstanz der Geschichte erneut eine Rolle zu spielen begann. So verwundert es nicht, wenn sich die Kritik an den postmodernen Tendenzen zuspitzte und die abermalige historisierende Orientierungssuche als Durchtrennung des zentralen Nervs der Moderne verstanden wird. Die Referenz für Gegenwärtiges im Geschichtlichen zu suchen, heißt, den Kern des modernen Glaubensbekenntnisses anzutasten und – so will es scheinen – das innerste Wesen der Moderne preiszugeben.

Die Geschichte als Paradigma wieder zuzulassen heißt, das frische, zukunftsweisende Potential des aus der Selbstbegründung gewonnenen Neuen zu verraten, heißt Fortschritt anzuzweifeln und die ahistorische Reinheit der Moderne regressiv zu besudeln.

Warum es dazu kam, hat mehrere Gründe. Einer davon liegt in der Methodendialektik des Referenzpluralismus. Denn Selbstbegründung ist per se nicht realisierbar, sondern führt zum Pluralismus, führt zu einer Vielgestalt geschichtsfreier Paradigmen; bis schließlich der Pluralismus selbst obsiegt und auch das Geschichtsvorbild als eines der Potentiale wieder in den Kreis der Referenzen einbezieht.

Der Aufklärungsprozeß der Moderne, der die Geschichte immer als das Überwundene zurückläßt und sich selbst als das immer Neue und sich selbst Legitimierende zur Herrschaft gebracht hat, pluralisiert sich in der Lebenspraxis in einer Vielfalt geschichtsfreier Programme, bis schließlich die Vielfalt selbst zum Programm wird – und den Geschichtsbezug als eine der pluralen Möglichkeiten wieder zurückholt: die Folge sind Eklektizismus und Historismus. Als reale Kunstform kann Selbstbegründung als normatives Eines nicht bestehen, sondern sucht in den unterschiedlichen Feldern geschichtsfreier Berufungsinstanzen das Argumentationsfundament. So widerlegt sich auf dem Wege der Entschlüsselungen des Einheitsprogramms der Ab-ovo-Rationalismus selbst, indem er das Bündnis mit allen Möglichkeiten der Legitimationsbezüge eingeht. Die Konsequenz der pluralisierenden Methode verrät am Ende den Monomythos der rationalistischen Selbstbegründung.

So entläßt die Moderne die Postmoderne aus sich selbst heraus und opfert, nachdem sie die geschichtsfreien Bezugsfolien durchgespielt hat, die Maxime der steten Neusetzung dem im Pluralitätssog wieder zugelassenen Historismus. Die rationalistische Fortschrittsmaxime der Moderne relativiert sich an dem, was sie selbst provoziert hat: an einem Pluralismus, der aufs Ganze geht und zuletzt keine qualitativen Unterschiede mehr kennt. «Anything goes» ist die zwingende Folge. Vor dem Beliebigen kann nur noch das in der Praxis durchaus eingeschränkte Spektrum der möglichen Referenzinstanzen retten.

Wie sehr das plurale Verweispotential bis hin zu neo-historischen Intermezzi auch von der Moderne selbst in seiner Breite präsent gehalten wurde, kann das Werk Pablo Picassos und Giorgio de Chiricos belegen. So kehrt der Italiener nach 1920, nach der Phase der Pittura Metafisica, zu einem subjektiv geprägten Klassizismus zurück (Abb. 7), während Picasso parallel zur Neuen Sachlichkeit seit 1919 ebenfalls den Klassizismus wiederaufnimmt und gleichzeitig neben kubistisch-abstrahierenden Bildern seine klassizistischen, von schweren Leibern beherrschten Gruppenbilder malt, die den Selbstbegründungsanspruch seiner Avantgarde-Phase zu einem temporären Ereignis machen. Der prominenteste Maler der Moderne ist der Pluralist par excellence: Das historische Beispiel ist für Picasso kein Tabu. Sein Beispiel bestätigt, daß prinzipiell – auch schon für die Klassische Moderne – *alle* Referenzentscheidungen, auch die

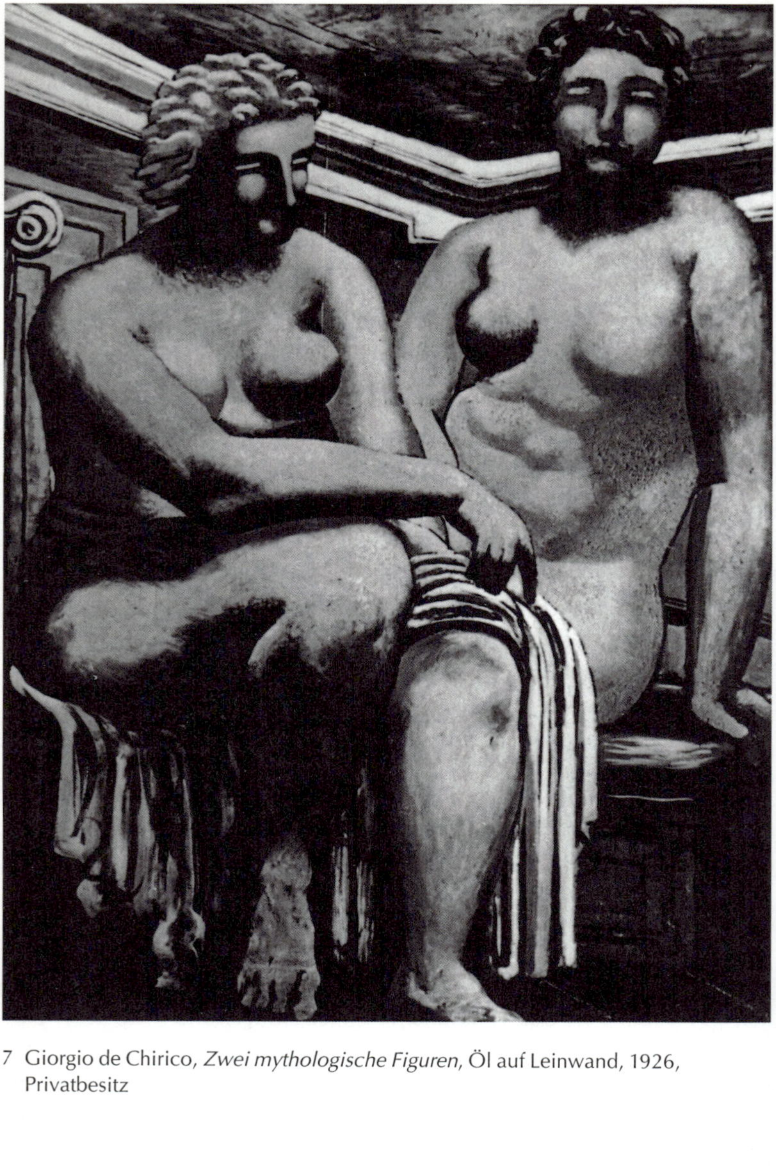

7 Giorgio de Chirico, *Zwei mythologische Figuren*, Öl auf Leinwand, 1926, Privatbesitz

historisierenden, möglich waren. Frühzeitig kündigte sich an, daß der aus der Selbstbegründung hervorgegangene Pluralismus auch das Verbot des historisierenden Verweises penetriert und seiner Tendenz folgt, das gesamte Potential der Bezüge als Nebeneinander der Möglichkeiten auszuschöpfen. Der Pluralismus transzendiert die Selbstbegründung, aus der er überhaupt erst hervorgegangen war.

Im Unterschied zur Postmoderne ist der Pluralismus der Moderne ungewollt. Jedes Paradigma suchte sich als ein alleingültiges zu etablieren, bis es schließlich in der Architektur mit dem Internationalen Stil zur dogmatischen Einengung und zum forcierten Ausschließlichkeitsanspruch kam. Deutlicher bestanden unterschiedliche Tendenzen in den anderen Künsten weiter, wenn auch hier die «große Abstraktion» – wie nachfolgend dargestellt – zum Hauptstrom der historischen Explikation der Moderne geworden ist.

Demgegenüber ist der Pluralismus der Postmoderne Kern des Geschehens selbst. Der Wechsel der Ausdrucksformen, der Vokabularien und Methoden, das Beieinander von scheinbar sich gegenseitig Ausschließendem, etwa von Historismus und High-Tech, ist Ergebnis bewußten Vorgehens. In der Malerei haben Gerhard Richter und jüngst Georg Jiři Dokoupil die unterschiedlichsten Stilhaltungen in ihrem Werk gegeneinander gestellt. Im Gesamtwerk Gerhard Richters spielen Alternativen wie Abstraktion und Figuration als einander ausschließende Gegensatzpositionen keine Rolle mehr. Ein «radikaler Pluralismus»[13] ist die Folge.

## Kunst und Leben

Die ästhetische Moderne hat eine plurale, doch begrenzte Anzahl von Selbstbegründungsthesen verfolgt. Einige davon führten zu jener Konsequenz, die Peter Bürger als Angriff auf das autonome Kunstwerk bezeichnet hat.[14] Die historischen Avantgarde-Bewegungen finden darin ihr konzentriertes Ziel, das im Ästhetizismus des endenden 19. Jahrhunderts autonom gesetzte, von der Lebenspraxis abgehobene Kunstwerk in die Lebenspraxis zu überführen: Moderne heißt, die «ästhetische (der Lebenspraxis entgegengesetzte) Erfahrung, die der Ästhetizismus herausgebildet hat, ins Praktische zu wenden. Das, was der zweckrationalen Ordnung der bürgerlichen Gesellschaft am meisten widerstreitet, soll zum Organisationsprinzip des Daseins gemacht werden»[15]: Kunst ist Leben. Die ästhetische Fiktion entgrenzt sich aus dem Kunstwerk heraus und hört auf, Fiktion zu sein. Aus der äußersten Zurückdrängung der Geltung des Ästhetischen in der Lebenspraxis, aus seiner schärfsten Differenz gegenüber dem Leben, soll das Kunstwerk aus einer ästhetischen Isoliertheit heraus in das Leben eindringen, so daß die Kunst ihren Unterscheidungsmodus gegenüber dem Leben aufgeben kann.

Daß Bürgers Definition der Avantgarde, das im Ästhetizismus des endenden 19. Jahrhunderts autonom gesetzte, von der Lebenspraxis abgehobene Kunstwerk in die Lebenspraxis zu überführen, nicht ein sekundär erschlossenes Philologenresultat, sondern der Geschichte der Kunst und Literatur unmittelbar abgewonnen ist, hat Burkhardt Lindner ergänzend belegt.[16] Wie Bürger so konzentriert sich auch Lindner auf Dada und Surrealismus, fügt aber Beispiele aus dem Bereich der sowjetischen Revolutionszeit hinzu, welche die Zielrichtung der Avantgarde-Bewegung belegen. Einige Beispiele aus Lindners Darstellung seien deshalb hier erneut wiedergegeben.[17]

«Kunst muß nach Čužak dazu übergehen, die ‹realste Realität›, d. h. das Leben selbst, zu schaffen.»[18]

«Das völlige Verschmelzen der künstlerischen Formen des Alltags; das völlige Eintauchen der Kunst ins Leben; der Aufbau eines maximal organisierten und zweckmäßig ständig sich umbildenden Daseins wird dem Leben nicht nur Harmonie geben, die totale und freudige Entfaltung aller sozialen Aktivität, sondern wird den Begriff des Alltags selbst aufheben.» (B. Arvatov)[19]

«Wenn das ‹Leben in seiner Totalität›, das ‹praktische Leben›, einziger Gegenstand der künstlerischen Praxis ist, kann das Ziel der ‹Erbauer des Lebens› nicht das ‹vollendete Kunstwerk›, sondern nur der ‹vollendete Mensch› sein, der durch die ‹ständige freudige Anspannung bei der Überwindung chaotischer und in Trägheit erstarrter Erscheinungen, das unermüdliche Erarbeiten neuer Methoden der Organisation› gekennzeichnet ist.» (Sergej Tretjakov)[20]

«Bald wird es keine Zuschauer mehr geben, alle werden Schauspieler sein, und erst dann erhalten wir die echte, wahrhafte Theaterkunst.» (W. F. Majerchold)[21]

«Dada ist keine Kunstrichtung. Dada ist eine Richtung des Lebens selbst, die sich gegen alles wendet, was wir uns als Lebensinhalt vorstellen.» (Dadaistisches Manifest, 1918)[22]

Zum Surrealismus: «Heute steht ganz eindeutig fest, daß einer ein Dichter sein kann, ohne je einen einzigen Vers geschrieben zu haben, und Dichterisches sich auf alltäglichsten Straßen abspielt, in vulgären Theaterstücken findet und überhaupt überall, wo buntes Treiben herrscht.» (Tristan Tzara)[23]

Daß die Entgrenzungsthematik das zentrale Fortschrittsdogma der Avantgarde war, kann eine ganze Fülle weiterer Programmforderungen der Avantgarde-Künstler belegen. Die Kunst sollte ihren Illusionscharakter aufgeben und im Aufbruch der Avantgarde an der Gestaltung des Lebens in der Weise teilhaben, daß sie nicht länger eine nur von außen einwirkende Position innehatte, sondern selbst Leben wurde.

Neben Dada und Surrealismus haben auch andere Avantgarde-Bewegungen ganz ähnliche Ziele anvisiert. Die Wortführer der niederländischen Stijl-Bewegung, Theo van Doesburg und Cornelius van Eesteren, haben über ihre entsprechenden Absichten ebenfalls keinen Zweifel gelassen:

«Wir müssen begreifen, daß Kunst und Leben keine voneinander getrennten Gebiete sind. Und deshalb muß der Begriff ‹Kunst› als Illusion, die mit dem realen Leben nichts zu tun hat, verschwinden. Das Wort ‹Kunst› sagt uns nichts mehr. Wir fordern statt dessen, daß unsere Umwelt nach schöpferischen Gesetzen aufgebaut werde, die sich von einem feststehenden Prinzip ableiten. Diese Gesetze, die auch diejenigen der Wirtschaft, der Mathematik, der Technik, der Hygiene usw. einschließen, führen zu einer neuen plastischen Einheit. [...] Unsere Zeit ist ein Feind jeglicher subjektiven Spekulationen hinsichtlich Kunst, Wissenschaft, Technik usw. Der neue Geist, der schon fast das gesamte moderne Leben regiert, wendet sich gegen animalische Spontaneität (Lyrismus), gegen die Herrschaft der Natur, gegen Schnörkel und übertriebene Kochkunst.»[24]

Piet Mondrian schrieb im Jahre 1934 an seinen Freund Jean Gorin: «Ihre Arbeiten [...] bewegen sich fort vom Staffelei-Bild, ein Weg, der sich teilweise schon in den Werken eines van Doesburg und Vantongerloo ankündigte. Das ist in meinen Augen ein Fortschritt, denn wie Sie wissen, glaube ich an die letztmögliche Auflösung der Kunst. Es gibt jedoch ein Hindernis, und das sehe ich darin, daß Sie vielleicht Ihre Werke nicht so ausstellen sollten, als wären es Gemälde.»[25]

Wie schon aus den bereits zitierten Belegen hervorgeht, hat besonders die russische Avantgarde die Entgrenzungsprogrammatik auf vielfältige Weise zur Grundlage ihrer theoretischen Auseinandersetzungen gemacht. In vielen Äußerungen schlug sich, manchmal auch nur indirekt, die Erfahrung der Revolution nieder. «Die Staffelei-Kunst wurde mit der bürgerlichen Gesellschaft geboren – und sie wird mit ihr sterben». (B. Arvatov)[26] Die 1919 in St. Petersburg gegründete, dem Bauhaus ähnliche Schule GINCHUK, der als Leiter Pawel Filonow, Kasimir Malewitsch, Michail Matjuschin und Wladimir Tatlin angehörten, hat frühzeitig das Thema der Gleichsetzung von Kunst und Wissenschaft artikuliert. Malewitsch erhebt sein Institut auf die Ebene einer naturwissenschaftlich medizinischen Forschungseinrichtung:

«Das Institut für künstlerische Kultur ist etwas Ähnliches wie ein bakteriologisches Institut, das Forschungen an verschiedenen Bakterien- und Embryotypen durchführt, um den Grund für Änderungen im Verhalten des Organismus herauszufinden.»[27] Es «kommt einem bakteriologischen Institut für Malerei und Kunst am nächsten, und nur unter diesen Voraussetzungen kann es interessant sein, so wie ein bakteriologisches Labor in der Medizin.»[28] Seinen Studenten will Malewitsch die «klinische Chirurgie der Malerei» bieten. Ivan Punin sagt über die Arbeiten Matjuschins, daß sie eine Reihe rein experimenteller Formen seien, «von Kunstformen können wir dabei nicht sprechen».[29] In Moskau formulierten im Jahr 1921 Alexander Rodtschenko und Warwara Stepanova ihr ‹Produktionsmanifest›, das sie mit den «Schlagworten der Konstruktivisten» enden ließen:

«1. Nieder mit der Kunst, lange lebe die Technik. 2. Religion ist Lüge. Die Kunst ist eine Lüge. 3. Töte die letzten Bindungen des menschlichen Denkens an die Kunst. 4. Nieder mit der Pflege der Kunsttradition. Lange lebe der konstruktivistische Techniker. 5. Nieder mit der Kunst, die die Unfähigkeit der Menschheit nur verschleiert. 6. Die kollektive Kunst der Gegenwart ist konstruktivistisches Leben.»[30]

So deutlich die literarischen Belege des Surrealismus und der russischen Avantgarde die Programmatik einer Ineinssetzung von Kunst und Leben bestätigen, so wenig geschieht dies in der Malerei des Surrealismus. Hier überstand die illusionistische Nacherschaffung der Welt die Angriffe der Moderne auf die ästhetische Autonomie des Kunstwerks. Als mimetisch behauptete Gegenwelt argumentierte der Surrealismus mit Hilfe traditioneller Kunstmittel gegen Ordnung und Empirie der Wirklichkeit. Indem die Maler des Surrealismus eine Phantastik und Absurdität der Dingwelt feststellten, blieben sie auf die mimetische Wiedergabe des Vorgestellten angewiesen, um die Irritation als Ergebnis des Vergleichs zwischen erfahrbarer und gedachter Welt wachzuhalten.

Die Behauptung einer *ästhetischen Differenz* gegenüber dem Leben blieb die Voraussetzung dafür, Fiktionen einer außer Kraft gesetzten Ratio und einer zerstörten Kausalität zu imaginieren. Die surreale Vorstellung mußte – ästhetisch formuliert – für sich bleiben, um andersherum die Lebenspraxis am Absurden stranden zu lassen. Von hier führt kein Weg zu einem Ineins von Kunst und Leben. So konnte die neue Fiktionalität der Postmoderne aus den Fiktionen des Surrealismus Impulse aufnehmen.

## Abstraktion

Das zentrale Ereignis der Moderne ist die Geschichte der Abstraktion. Allein von hier aus läßt sich der Diskurs einer Ästhetik erfassen, die zur Aufhebung des Kunstwerks führt.

Dieser Diskurs begann im ersten Jahrzehnt des 20. Jahrhunderts auf breiter Front von den verschiedensten Positionen aus. In den Frühwerken der Fauves und der Expressionisten deutete sich der Bruch mit der Bildtradition des 19. Jahrhunderts bereits an. Ein nachimpressionistischer Pointillismus, der die Farbzerlegung nicht länger auf die physikalische Spektralfarbenanalyse bezog, sondern die Farben von ihrem auch noch im Impressionismus gewahrten Lokalfarbenverhältnis löste und sie als Elemente der Komposition frei verfügbar machte, war eine der Ausgangspositionen. Das Nebeneinander ungebrochener Farbflächen, nur noch willkürlich auf Gegenstandschiffren bezogen, überführte das Bild in den neuen Zustand einer von Nachahmungskontrollen freien Form. Das von den Malern des Blauen Reiters bereitete Feld war auch der Boden für das erste abstrakte Bild, für Wassily Kandinskys Aquarell von 1910.

Die Kubisten nahmen einen anderen Weg, den Cézanne vorgezeichnet hatte. Sie begannen asketisch mit dem Zerlegen der Gegenstände in Flächen und Linien, hielten sich an die bewegungslosen

8 Pablo Picasso, *Gitarre, Notenblatt und Glas,* Collage und Kohle, 1912

Gegenstände der Objektwelt – Gitarre, Krug, Flasche – und überführten diese in «Kompositionen». Die Verhaltenheit der grün-graubraunen Tonabstufungen lenkte das Interesse vom Farbbegehren ab und konzentrierte den Blick auf das Zergliedern komponierter Formenelemente. Der Gegenstand blieb ein Orientierungsanhalt, von dem aus die Abstraktion erfolgte. Die Kubisten beziehen in die Kompositionen ihrer Collagen auch Fundstücke der Wirklichkeit ein: Zeitungsausrisse, Tapetenstücke, Materialreste, um die reine Form des wohlkomponierten Ganzen zu erreichen (Abb. 8). Es ging ihnen dabei um den Nachweis, daß sich reale Fundstücke in das ästhetische Ganze inkorporieren lassen, um nur dieses zur Wirkung zu bringen. Nicht der inhaltsgeladene Gegenstand zählte, sondern die inhaltsfrei gewordene Formerscheinung des Artefaktfragments, das aus dem Lebenszusammenhang herausgenommen und in ein Ästhetisches verwandelt wurde. In der Wahrnehmung der abstrahierenden Komposition schwand der einstige Zweck- und Sinnzusammenhang des realen Fundstücks. Die Collagen des Kubismus wie die ersten abstrakten Bilder Kandinskys waren eine gesteigerte Bestätigung des autonomen Kunstwerks. Die Moderne setzte mit einem radikalen Ästhetizismus ein.

**Komposition**

Woran die Kubisten wie auch Kandinsky, Klee, Miró und andere noch immer glaubten, war die «Komposition», das kunstvolle Arrangement von einzelnen Elementen zu einem Ganzen (Abb. 9). Was den ästhetisch autonomen Charakter des «Bildes» noch immer gerettet hat und was das Werk davon abhielt, «Objekt» zu werden, war die Wirkung des wohlgeformten, ausbalanciert zusammengefügten Ganzen. Sobald die mimetische Darstellung von Natur aufgegeben war, kam die Komposition als ästhetische Quintessenz zur vollen Geltung. Der Glaube an die Allgewalt der Komposition war Voraussetzung, daß die Maler des Kubismus es sich leisten konnten, Partikel der Realität in den Werkzusammenhang aufzunehmen. Die Collagepartikel sprengen nicht das Werk, sondern werden wie alle anderen Formen zu Elementen dieses Ganzen, werden von der Komposition usurpiert.[31] Sie werden wie diese, wie Linie und Farbfleck, zu gegenstandslos wahrnehmbaren Teilen eines autonom Ästhetischen, eines im Bildrahmen isolierten, von der Wirklichkeit gänzlich abgesetzten Ganzen. In der ästhetischen Komposition verschwindet der Funktionszusammenhang der aus der Realität bezogenen Partikel. Von hierher kann das autonome Kunstwerk nicht gesprengt werden. Keineswegs zufällig hießen die ersten abstrakten Bilder Kandinskys

‹Komposition›. Von nun an ließ sich argumentieren, daß Kompositionen nicht «abstrakt», da sie von keinerlei Realität abstrahiert wurden, sondern reine Kunst seien, aus sich herausgesetzt, also «konkrete», «absolute» Kunst.[32]

Das abstrakte Bild stellt alle bisher verbindlichen Sehgewohnheiten grundsätzlich in Frage: denn von nun an wird vom Rezipienten verlangt, das Kunstwerk beziehungsfrei zu sehen. Das einzige noch verbleibende Korrektiv ist das quasi natürliche «Harmonieempfinden» gegenüber einer Komposition. Die Stimmigkeit als Balance der zum Ganzen komponierten Teile macht den Bodensatz des Ästhetischen aus, der jetzt noch zählt.

Das Urteil kann sich nur mehr an dieser Stimmigkeit orientieren, daraus den Kunstgenuß ziehen. Das beziehungsfreie Sehen, vom «Harmonieempfinden» gelenkt, führt zu einer vom Kunstobjekt her bestimmten «interessenlosen Anschauung». Dieses Sehen kann auch die Gegenstände abstrakt wahrnehmen, kann aus zweckgebundenen Artefakten im Sehvorgang referenzloser Anschauung reine Formen werden lassen.

An die neue Form der Wahrnehmung hat Marcel Duchamp mit seinen Readymades appelliert. Auch ein Flaschentrockner kann zum konkret absoluten Kunstwerk werden, sobald der Nutzgegenstand in interessenloser Anschauung *rein* gesehen wird. Die Versetzung eines Konsumprodukts in die auratische Sphäre der Kunstwahrnehmung reicht hin, um auch die banale Form eines Urinoirs als eine rein ästhetische wahrnehmen zu können. Die neue Sehweise macht das Nutzobjekt zweckfrei und verwandelt es in eine abstrakte Plastik.

Spätestens an diesem Punkt kann der Einwurf kommen, daß alles zum abstrakten Kunstwerk avancieren kann oder: daß Kunst nur noch als Setzung, als Akt des «Zur-Kunst-Erklärens» möglich ist. In diesem Sinne war Duchamps Urinoir auch Kritik an der neuen Wahrnehmungsweise der Moderne.

Vorerst aber blieben diese Readymades intelligente dadaistische Zwischenrufe, die zunächst gerade nicht dazu beitrugen, daß der ästhetische Diskurs der Moderne sich direkt auf die Objektkunst der sechziger und siebziger Jahre zubewegte. Viele Künstler der Moderne haben sich in den Bereich einer abstrahierenden, vom Gegenstand ausgehenden Kunst zurückgezogen oder haben diesen erst gar nicht verlassen, um den Kunstcharakter des Kunstwerks nicht preis-

9 Wassily Kandinsky, *Komposition*, Aquarell und Bleistift auf Papier, 1915, Kunstmuseum Taschkent

zugeben. Die Restformen an Gegenständlichkeit in der abstrahierenden Komposition sicherten dem Werk eine Referenzebene, die es vor dem Absolutwerden schützte. Die Kubisten, Expressionisten und Futuristen haben diese Grenzlinie gegenüber der gänzlichen Freisetzung der Form gezogen; sie haben ihrer Kunst einen Restbereich immanenter *Fiktion* erhalten.

## Happening

War das abstrakte Kunstwerk aber erst einmal mit den Kompositionen Kandinskys oder den suprematistischen Bildern Malewitschs möglich geworden, mußten die vom Gegenstand abstrahierenden Tendenzen der Moderne als konservatives Innehalten gegenüber dieser aufs Ganze gehenden Kunst der reinen Formen erscheinen. Das programmatische Potential des abstrakten Kunstwerks forderte ein Zu-Ende-Denken; während die abstrahierende Kunst blieb, was sie war, gingen von der Idee des abstrakten (gegenstandslosen)

10 Jackson Pollock, *Herbstrhythmus: Nummer 30,* Öl auf Leinwand, 1950, The Metropolitan Museum of Art, New York

Kunstwerks jene Impulse aus, welche die Moderne in ihrer Theorieexplikation und ihrer Einlösungspraxis über den Einbruch des Zweiten Weltkriegs hinaustrugen.

Im Werk Jackson Pollocks wurde schließlich auch der Restbestand konventioneller Rückbeziehung, die des quasi-natürlichen «Harmonieempfindens», preisgegeben. Mit Pollocks informellen Bildern wurde der Begriff der Komposition aufgehoben.

Schon bei Kandinsky finden sich ‹Kompositionen› (Abb. 1, 9), die nach allen Richtungen auseinandertreiben und Balancen zwischen unterschiedlichen Schwerpunkten und zwischen sorgsam plazierten Elementen nicht mehr erkennen lassen (Streumuster). Kandinsky hat damit dem Gang der Entwicklung weit vorausgegriffen und bereits mit seinen ersten gegenstandslosen Bildern das breite Spektrum der Möglichkeiten ausgebreitet, ohne daß die Maler der Klassischen Moderne wie die der fünfziger Jahre sowohl der Pariser Schule als auch der anderen europäischen Länder dies erkannt hätten. Gegenstandslose Malerei blieb für sie noch immer kompositorische Malerei.[33]

Mit Pollocks ersten «all-over»-Bildern, die seit 1946 entstanden, trat das gleichmäßig über die Fläche gelegte, schwerpunktlose «dripping»-Muster an die Stelle der Komposition (Abb. 10). Damit war nicht nur das wesentliche Merkmal der traditionellen Ästhetik, das auswiegende Fügen von Einzelelementen zum Ganzen, aufgegeben, sondern hier zersprang auch der historische Gattungsbegriff der Malerei. Das Malen als Herstellen, als Bewegung der Farben auf der Leinwand, ging in die Bewegung des Lebens über (Abb. 11). Aus Pollocks «all-over»-Malerei wurde das Happening. Dabei hatte Pollock eine Technik gewählt, die auch den Malvorgang eliminierte: er führte durchbohrte Farbdosen in rhythmischen Bewegungen über die großen Leinwände, so daß die Tropfschlieren *(dripping)* sich zu einem gleichförmigen Farbmuster verteilten. Das Malen wurde zu einer *«Aktion»*, das Bild zu einem Niederschlag der Bewegung. Das Prozessuale des Malaktes selbst wurde der beherrschende Faktor;

11 *Jackson Pollock beim Malen von Nummer 32*, Foto von Rudolph Burckhardt, 1950

noch in der Bildwahrnehmung konnte die Aktion des «dripping» nachvollzogen werden.

An diesem Punkt der Entwicklung gewann der ästhetische Diskurs der Moderne eine weitere Dimension: die der Aktion und der Prozeß-Kunst. Zumindest gab Pollok – noch Maler – einen der Anstöße, auch das Medium der Malerei zu verlassen und die Aktion von der Leinwand ins Leben hinein fortzusetzen. Das Happening als neue Kunstform war die unmittelbare Folge.

Der ästhetische Diskurs der Moderne fächerte sich in den sechziger Jahren immer stärker auf und führte zu einer ganzen Reihe von «Erledigungen». In der Concept Art wurde das Kunstwerk nur noch angekündigt. Seine Möglichkeit wurde in Worten dargestellt, seine Realisierung nicht länger gewollt. Der bloßen Vorstellung wurden alle Möglichkeiten offengehalten, das schier Unmögliche in Worten vorgestellt. Das Kunstwerk wurde zu einem rhetorischen Als-ob.

Zunehmend wurden die verschiedenen Kunstrichtungen zu Teilerscheinungen dessen, was Kunst als abstrakte Kunst insgesamt einmal gewesen war. Die avantgardistische Konsequenz dieses Diskurses machte das Kunststück immer mehr zum Zeugnis des Denkens. Das Programm als Ausweis der Innovation forderte eine Kunst, die ständig als Beleg dafür dienen mußte, Kunst mit ihrem Gegenbild, dem Leben, verschwistern zu wollen. Der Werkcharakter der Kunst mußte ebenso aufgegeben werden wie die Beständigkeit des Kunstwerks, die Komposition ebenso wie Restbestände des Fiktiven.

Im Happening schließlich sollte die «Fiktion» das Leben selbst sein.

Mit dem Happening taten die Künstler den entscheidenden und konsequenten Schritt, der aus der Tradition des abstrahierenden Bildes, dann des abstrakten Kunstwerks hinausführte ins Leben. Die Verwandlung des Werkes in ein ästhetisches Ding enthält bereits das Programmpotential, das Gemälde als Ding an sich preiszugeben und die Aktion des Malens in eine Aktion des Lebens zu verwandeln. Diesen direkten Zusammenhang hat der Erfinder des Happenings, Allan Kaprow, belegt: «Das [Happening] entwuchs der fortgeschrittenen amerikanischen Malerei der letzten Dekade; ich und die anderen waren allesamt Maler (oder sind es noch immer) [...] Die besten von ihnen [Happenings] kamen unmittelbar aus den Ritualen der amerikanischen Aktionsmalerei.» [34]

In einem Vortrag gab Allan Kaprow einige autobiographische Hinweise zur Entstehung dieser Kunstform: «Als ich 18 Jahre alt war, wollte ich der modernste aller Künstler werden. Wie sich später herausstellte, wurde ich der modernste Künstler, indem ich auf das Bild als Medium verzichtete. Ich sah damals einen Film über Pollock, der einige große Glasscheiben auf den Rasen gelegt hatte, so daß das Gras und die darunter krabbelnden Insekten sichtbar blieben. Er ließ auf das Glas die Farben tropfen und malte ein Bild, in das die Insekten und das Gras darunter mit hineinwirkten. Ich dachte, man müsse das Glas *zwischen* Rasen und Farbe *wegnehmen* [...].»[35]

Allan Kaprow hat das Happening mit folgenden Worten definiert: «Happenings sind Ereignisse, die – einfach gesagt – sich ereignen. Sie scheinen nirgendwo hinzuzielen und gelangen auch zu keiner speziellen inhaltlichen Aussage. Im Gegensatz zu den Künsten der Vergangenheit haben die Happenings weder einen strukturierten Anfang noch eine Mitte oder ein Ende. Ihre Form ist offen und flüssig; nichts Augenfälliges wird verlangt, und deshalb wird auch nichts gewonnen, außer der Gewißheit einer Zahl von Ereignissen, in denen man etwas aufmerksamer ist als unter normalen Umständen. Happenings existieren während einer oder einiger weniger Vorstellungen und sind dann für immer vorüber, während neue ihren Platz einnehmen.»[36]

Folgerichtig sollte das Happening keine Zuschauer haben, sondern allein Teilnehmende: «Die wichtigsten und intensivsten Happenings sind in alten Hallen, Kellern und leeren Lagern ausgebrütet worden, in der Natur wie auf der Straße, wo ein kleines Publikum oder Besuchergruppen sich mit dem Ereignis auf irgendeine Weise vermischen und in die Teile des Happenings hineinfließen. Deshalb gibt es keine Trennung zwischen Publikum und dem Spiel (wie es selbst im Amphi- oder Guckkastentheater der Fall ist); der Guckkasten-Effekt der meisten Theater ist ebenso vergessen wie das Warten auf den sich öffnenden Vorhang, die lebenden Bilder und den fallenden Vorhang.»[37]

Anders als die Dada-Provokationen der zwanziger Jahre, die gegen die bürgerliche Moral opponierten, wollte das Happening nicht provozieren.[38] Das Happening hatte keinen Gegner. Es hatte nur das abstrakte Kunstwerk als Abstoßbasis, von der aus es sich in das Leben hinein als Ästhetisches mit dem Wirklichen versöhnen sollte. Es sollte bloß Ereignis, nicht fiktives Theater sein. Anders als Fluxus und Performance blieb das gelungene Happening fern jeder Dramatik, hatte nichts Komponiertes, war nicht Handlung mit Anfang und Schluß, sondern setzte ein und verebbte – und konnte ebenso weitergehen: kein Paradigma von irgend etwas, kein Reflex eines Sinnes, sondern gereihtes Geschehen aus Zufälligkeit und Wiederholung, ein spielerisches Umgehen mit den Partikeln des Daseins. Das Happening war ein ins Geschehen umgesetztes abstraktes Kunstwerk, das gerade nicht zum ästhetisch isolierten Gegenbild eines Idealen werden sollte. Es setzte die Deckungsmöglichkeit von Kunst und Leben voraus und mußte, sollte es gelingen, so zufällig unkomponiert bleiben wie das Leben und dennoch im Spiel die selbstentfremdende Last des Lebens vergessen machen.

So geriet die Kunst in den nicht überwindbaren Widerspruch, nicht dem Leben ähnlich, sondern mit dem Leben identisch zu sein, die Freiheit des Ästhetischen hinüberzuretten und doch das Leben nicht ästhetisieren zu dürfen, die Komposition preiszugeben, die Zufälligkeiten des Lebens für sich zu gewinnen, und doch komponieren zu müssen, weil der Ereignischarakter des Happenings sich nicht vom unterscheidungslosen Fluß der Zeit aufsaugen ließ.

Die Utopie, daß Leben einmal Kunst werde und alle Menschen nur noch spielten, hat als denkbare Realität die Selbstentfremdung des arbeitenden Menschen gegen sich. Keine Kunst ist gegen dieses Kraut gewachsen. Die Kunst wird vom Leben zurückgestoßen und sieht sich erneut auf sich verwiesen. Die Fiktion ist ihre Bedingung, die das Leben ihr nicht abkauft.[39]

## «Instant image» und «ästhetisches Ding»

Die amerikanische Kunst der sechziger Jahre enthielt indessen einen weiteren Ansatz der Überführung von Kunst in Leben, ohne daß die Maler in ein anderes Medium wie das des Happenings ausgewichen wären. Es ging um die auf den ersten Blick grotesk erscheinende Überführung des Leinwandbildes ins Leben. Wenn Jackson Pollock durch seine Technik des «all over» das wohlkomponierte Ganze abgeschafft hatte, so waren es Kenneth Noland und Frank Stella, die die Komposition durch das *«instant image»* ersetzten.

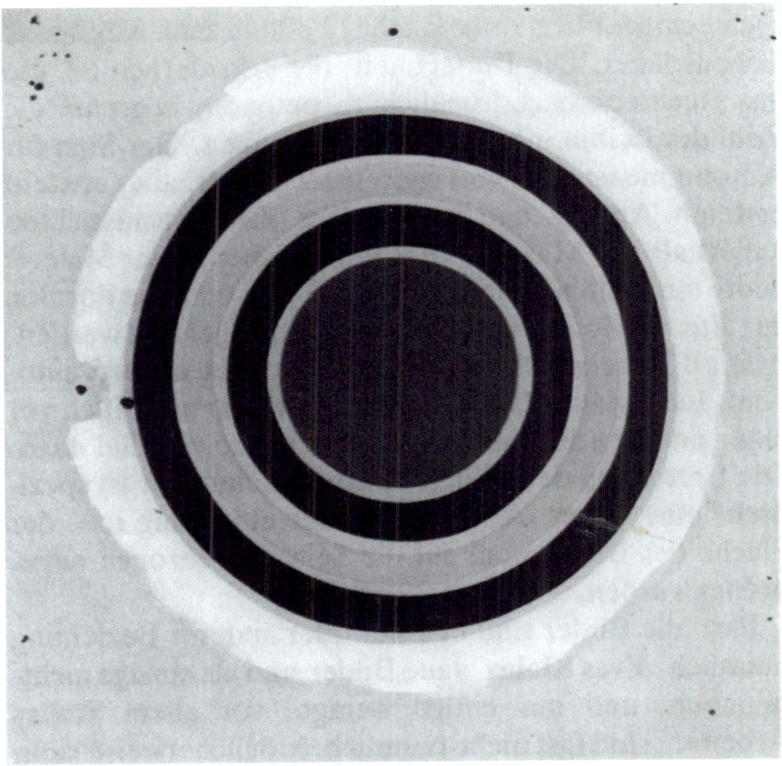

12 Kenneth Noland, *Virginia Site*, Acryl auf Leinwand, 1959, Sammlung Joseph Holman, New York

Ein zielscheibenartiges Gebilde in das Zentrum der Leinwand zu setzen (Abb. 12) bedeutete, den Betrachter aufzufordern, den subtilen Nachvollzug unterschiedlicher Formen innerhalb eines komponierten Ganzen aufzugeben und sich mit der Gesamtform einer im Zentrum plazierten Einheit abzufinden. Da gab es keinen Appell mehr an ein «Harmonieempfinden», das den Ausgleich zwischen dem divergierend Vielfältigen herzustellen hatte, sondern nur noch die direkte Wahrnehmung «mit einem Blick». Das Bild war ein Einheits- und «instant image» geworden, das nur eine Botschaft mitzuteilen hatte: So ist es, nicht anders. Das Kunstwerk hatte seine Interpretationsschichten verloren und wurde signalartig eindeutig, direkt. Es war im ersten Augenblick der Wahrnehmung vollständig erfaßbar.

Willem de Kooning, der dem komponierten Werk noch immer anhing, hat der Entscheidung, zu einem neuen Verhältnis von Image und Leinwand zu gelangen, explizit Ausdruck verliehen: «Ich war in gewisser Weise steckengeblieben; ich kam nicht weiter. Das bewirkte für mich etwas: es machte Komposition, Arrangement, Verhältnisse, Licht und all das dumme Gerede über die Linie, über Farbe und Form überflüssig, denn ich wollte etwas Bestimmtes erreichen: ich setzte es [das Image] in die Mitte der Leinwand, denn es gab keinen Grund, es ein wenig zur Seite zu setzen.» [40]

Noch deutlicher distanzierten sich Frank Stella und Donald Judd in einem Fernsehinterview des Jahres 1964 vom komponierten Bild. Aus Stellas Ausführungen geht hervor, daß mit dem Minimalismus des «instant image» der unmittelbare Übergang zum Bildobjekt stattgefunden hatte:

«Stella: ‹Zum anderen streben die europäischen Geometriemaler wirklich nach etwas, das ich eine Malerei der Verhältnisse nennen möchte. Ihre Grundidee ist der Balanceakt. Man setzt etwas in die eine Bildecke, um es mit etwas anderem in der anderen Bildecke auszubalancieren. Nun aber ist die ‹Neue Malerei› als eine symmetrische charakterisiert worden. Kenneth Noland setzt die Sache ins Zentrum, und ich gebrauche symmetrische Muster; doch setzen wir die Mittel der Symmetrie auf andere Weise ein. Sie ist ohne Balanceverhältnisse. In der neueren amerikanischen Malerei versuchen wir, die Sache genau in die Mitte zu setzen – symmetrisch, nur um eine Art von Kraft zu entwickeln, nur um das Ding auf die Leinwand zu kriegen. Der Faktor der Ausbalancierung ist nicht länger wichtig.›

Glaser: ‹Was ist das für eine ‚Sache', die Sie auf die Leinwand haben wollen?›

Stella: ‹Ich vermute, man wird es als Image beschreiben müssen, entweder das Image oder das Schema. Ken Noland wird konzentrische Kreise haben wollen; er wird sie in der Mitte haben wollen, weil es der einfachste Weg ist, sie dorthin zu kriegen. Und er möchte sie ganz vorn sitzen haben, auf der Oberfläche der Leinwand. Wenn man sich so sehr um die Oberfläche einer Sache bemüht, dann liegt es nahe, die Symmetrie als das natürlichste Hilfsmittel anzusehen. Sobald man aber eine andere Art von Symmetrie benutzt und auf

Beziehungen zu achten beginnt, beginnt eine fürchterliche Umständlichkeit, die die Maler von heute vermeiden wollen. Wenn man immer nur auf diese feinsinnigen Ausbalancierungen achtet, so entstehen viele Probleme.›

Glaser: ‹Warum möchten Sie kompositionelle Effekte vermeiden?›

Judd: ‹Naja, diese Effekte haben die Tendenz, alle jene Strukturen, Werte und Gefühle der ganzen europäischen Tradition mitzuschleppen. Es gefällt mir, wenn das alles den Ausguß hinuntergegangen ist. [...] Vasarelys Komposition hat die Wirkung von Ordnung und Qualität, wie man es bei der traditionellen europäischen Malerei findet. Ich lehne das ab. [...] ich bin nicht dagegen, daß Vasarelys Bilder vielfältig sind, aber seine Vielfalt enthält eine bestimmte Struktur, deren Qualitäten ich nicht mag. [...] Die Teile sind beziehungslos. [...] Wenn man erst anfängt, die Teile in Beziehung zu setzen, glaubt man ein gewisses Ganzes zu haben – das Rechteck der Leinwand – und bestimmte Teile; das aber ist alles hoffnungslos, denn man sollte ein klares *Ganzes* haben und möglicherweise überhaupt keine Teile, oder nur einige wenige. Die Teile sollten immer wichtiger sein als das Ganze.›

Glaser: ‹Und Sie möchten, daß das Ganze wichtiger ist als die Teile?›

Judd: ‹Ja, auf das Ganze kommt es an. Es ist ein großes Problem, den Sinn für das Ganze zu erhalten.›

[...]

Stella: ‹[...] Meine Malerei beruht auf der Tatsache, daß nur das, was man sehen kann, wirklich da ist. Es ist tatsächlich ein Objekt. Jedes Gemälde ist ein Objekt, und jeder, der sich mit dieser Überlegung beschäftigt, wird konfrontiert mit der Dinghaftigkeit dessen, was er gerade tut. Er macht ein Ding.›»[41]

Die Direktheit der Formerscheinung, die den Zauber eines kompositionellen Restes wegnahm, brachte die 1917 gefallene Äußerung Alexander Rodtschenkos zu vollem Bewußtsein: ein Bild sei eine Leinwand mit Farbe darauf. Diese Feststellung ließe sich erweitern: ein Bild ist ein aus Leinwand gemachtes farbiges Ding. Das dem abstrakten Bild von Anfang an innewohnende Potential, Dingcharakter anzunehmen, sobald es keinen darstellenden Bezug mehr hatte, erfuhr mit Frank Stellas «Shaped canvas» seine folgerichtige Formulierung (Abb. 13). Die traditionellen Bildformate – Quadrat und Rechteck, auch der Tondo – waren der Perspektivkomposition der Neuzeit entsprechende Formate: Wenn ein Bild eine Leinwand mit Farben darauf sein sollte, so konnte die Leinwand jede denkbare Form annehmen. Wenn also die traditionellen Bildformate mit der traditionellen Gattung des Leinwandbildes assoziiert wurden, so konnte die Preisgabe dieser Formate zu einem wesentlichen Hinweis auf eine neu behauptete Eigenschaft des Bildes werden: nämlich *kein* Bild mehr zu sein. Stellas «Shaped canvas» wurden zu farbigen «Objekten», wurden *ästhetische Dinge* unter Dingen, nahmen also von einer anderen Seite her eine Form an, die Kunst mit dem Leben in eins setzte. Innerhalb der Gattung des Leinwandbildes vollzogen Stella wie auch andere amerikanische Maler[42] der sechziger Jahre den Schritt, das abstrakte Bild zu verwandeln und nach Fortnahme des Kompositionsgehaltes ein in seiner Erscheinung unvermitteltes «Ding-Image» daraus werden zu lassen. Damit war auch das gattungsmäßig widerständigste Medium der Kunst, das Leinwandbild, in den Zustand der Identität von Kunst und Leben versetzt – um fortan

13 Frank Stella, *Quathlamba*, Metallpuder und Polymer-Emulsion auf Leinwand, 1964, Sammlung Mr. und Mrs. Carter Burden, New York

14 Ernst Wilhelm Nay, *Das Freiburger Bild*, Öl auf Leinwand, 1956, Chemisches Institut der Universität Freiburg i. Br.

eine der wichtigen Rollen zu spielen, die allesamt jenes eine Thema darzustellen hatten, das die Avantgarde-Bewegung bis zur letzten denkbaren Explikation verfolgt hatte: den Sondercharakter der Kunst nur noch insoweit bestehen zu lassen, als diese zweckfrei ist – sie aber doch dem Leben zu inkorporieren.

Wie sehr der amerikanischen Kunstentwicklung der fünfziger Jahre – von Willem de Kooning und Jackson Pollock bis zu Kenneth Noland und Frank Stella – eine programmatisch-theoretische Konsequenz innewohnte, bestätigte sich auf unerwartete Weise in der Tatsache, daß auch anderswo in ähnlichen Argumentationszusammenhängen gedacht worden ist. Ohne daß sich die Künstler gegenseitig beeinflußt hätten, hat in Deutschland eine entsprechende Entwicklung stattgefunden. Die herausragende, in ihrer Bedeutung Pollock vergleichbare Gestalt ist hier Ernst Wilhelm Nay, dessen um 1950 einsetzende «Rhythmusbilder» dem Prinzip des «all over» entsprechen (Abb. 14). Auch Nay hat zunehmend auf das kompositorische Auswiegen verzichtet und ein flirrendes Streumuster von farbigen Punkten und Kreisen gegen die Komposition eingetauscht.

Ähnlich wie in der Kunst der Vereinigten Staaten kann man in Deutschland eine auf das Informel der fünfziger Jahre folgende, die Form festigende und zentrierende Malerei ausmachen, beispielsweise in Otto Pienes Rauchbildern (seit etwa 1961), die auf farbigem oder weißem Grund das Sofort-Image eines Rußkreises oder Vergleichbares zeigen (Abb. 15). Auch Günther Ueckers Nagelbilder

15 Otto Piene, *Feuer (Rot und Schwarz auf Weiß)*, Öl, Pigment auf Leinwand, 1962, Museum Ludwig, Köln

werden häufig zu kreisförmigen Sofort-Images, wobei allerdings die Bewegung des Nagelmusters eine zusätzliche Detaillierung in die Einheitsform bringt. Doch sind die Parallelen zu Nolands Zielscheibenbildern offensichtlich.

## Weiße und schwarze Leinwand – das ästhetische «Fast-Nichts»

Die Entgrenzung des Leinwandbildes zum «ästhetischen Ding» war so etwas wie eine «letzte Konsequenz» der modernen Malerei. Die andere «letzte Konsequenz» des abstrakten Bildes war die weiße oder schwarze Leinwand (Abb. 16). Doch blieb das monochrome

16 Ad Reinhardt, *Black Painting*, Öl auf Leinwand, 1960–1966, The Museum of Modern Art, New York

Bild, die Einheitsfläche, ein zwar minimalisiertes, aber noch immer ein Kunstwerk: Minimal Art. Im Unterschied zu Frank Stella und seinen «Shaped canvas» haben Maler wie Ad Reinhardt den Kunstcharakter ihrer Farbflächen noch immer betont, indem sie beweisen wollten, daß auch die reduzierteste Form des Leinwandbildes ein Ästhetisches ist. Verglichen mit Stella ging Reinhardts Argumentation in umgekehrte Richtung: «Das einzige Ziel der fünfzig Jahre alten abstrakten Malerei ist es, Kunst als Kunst, und als nichts anderes, zu verstehen, und sie zu dem zu machen, was sie allein ist, sie immer mehr zu separieren und zu definieren, sie reiner und leerer zu machen, immer absoluter und immer exklusiver – nicht-gegenständlich, nicht-darstellend, nicht-figurativ, nicht-bildlich, nicht-expressionistisch, nicht-subjektiv. Die einzige Möglichkeit zu sagen, was abstrakte Kunst oder Kunst als Kunst wirklich ist, ist zu sagen, was sie nicht ist.»[43]

Als Kasimir Malewitsch seinen schwarzen Kreis in eine weiße, leicht abgetönte Fläche setzte, hatte er diesen – anders als Noland – spannungsvoll aus der Mitte herausgerückt ins Bild gefügt (Abb. 17). Wenn im Rückblick auf Malewitsch ein erster Gedanke an minimalistische Kunst aufkommen kann, so hatte der Erfinder des Suprematismus zwar die Form auf elementare geometrische Einheiten reduziert, aber sich dennoch die Fülle der Möglichkeiten des Komponierens offengehalten. Malewitschs Bilder waren Kompositionen, zusammengefügt aus Elementen, auch wenn es nur ein weißes Quadrat auf einer quadratischen Leinwand war. Nach der weißen und schwarzen Leinwand Ad Reinhardts gab es keine Komposition mehr, gab es theoretisch keine *Möglichkeiten* mehr. Das von Malewitsch noch aufrechterhaltene Differenzverhältnis von Bildfigur und Bildformat wurde von Reinhardt und anderen Malern der fünfziger Jahre aufgehoben: das Bildformat wurde identisch mit der Bildfigur, wurde schließlich zur Einheitsfläche, aus der am Ende auch die Farbe verschwand.[44] Schwarze oder weiße Leinwände, die minimalistische Reduktion des Bildes, wurden zu Belegen einer letztmöglichen, quasi entleerten Malerei.

Auf dieser äußersten Reduktionsstufe des Bildes suchten einzelne Maler ihre Individualitäten dennoch einzubringen. Die Technik des Farbauftrags von Weiß oder Schwarz, die Strukturen der Handschrift auf der Leinwand, des Pinselduktus, werden zu einem letzten Ausweis sinnlich wahrnehmbarer Unterscheidungen. Die weiße Leinwand wurde zu einem Gegenstand der Meditation, zu einem andeutungsweise strukturierten oder gänzlich ebenmäßigen Negativ dessen, was Malerei war oder was sie noch immer und gerade noch sein konnte. Gegenüber den Überführungstendenzen von Happening und «shaped canvas» waren Reinhardts Bilder heroische Akte des Festhaltens an der Kunst als Kunst. Akte des Beinahe-Transzendierens der Kunst über die Sinneswahrnehmung hinaus, um dennoch die Kunst zu bestätigen. Das abstrakte Bild hatte den Zustand der Kongruenz von konsequentester theoretischer Schlußfolgerung und seiner möglichen Form erreicht.

17 Kasimir Malewitsch, *Schwarzer Kreis*, Öl auf Leinwand, um 1923, Staatliches Russisches Museum, St. Petersburg

Eine klassische Beschreibung der historischen Situation, die zur weißen Leinwand und, als Reaktion darauf, zur tonlosen Musik führte, gibt Calvin Tomkins: «Am Black Mountain College hatte er [Robert Rauschenberg] im Herbst 1951 seine Palette noch mehr reduziert, aber in der entgegengesetzten Richtung. Er hatte eine Serie weißer Bilder gemalt, die keinerlei Image mehr trugen, Leinwände, die mit einfacher weißer Farbe gleichmäßig bedeckt waren. Einige dieser weißen Panele waren zu größeren Bildern bis zu neun Fuß Breite zusammengestellt worden. ‹Ich habe immer geglaubt, daß die weißen Bilder nicht etwa passiv sind, sondern sehr – nun gut, übersensibel›, hatte er einige Jahre später einem Interviewer geantwortet. ‹Man konnte sie betrachten und konnte beinahe durch den Schattenwurf sehen, wie viele Menschen im Zimmer waren oder welche Tageszeit es war.› Schatten, Reflexionen von beweglichen oder unbewegten Gegenständen konnte man normalerweise auf diesen intensiv weißen Oberflächen unterscheiden, womit zumindest zu Rauschenbergs Zufriedenheit bewiesen wurde, daß es so etwas wie eine leere Leinwand nicht gab. Das Leben drang von außen ein, ohne daß der Künstler dies kontrollieren konnte.

John Cage hat einmal in einem Essay die weißen Bilder als ‹Flughäfen für Lichter, für Schatten und Staubteilchen› beschrieben. Cage selbst hatte schon eine Zeitlang daran gedacht, ein Musikstück zu komponieren, das gänzlich aus Stille bestand. Nachdem er die weißen Bilder zum erstenmal gesehen hatte, Sommer 1952 in Black Mountain, schrieb er sein berühmtes Stück ‹4′33″›, eine Komposition in drei Sätzen, die vier Minuten und 33 Sekunden dauert, der Pianist spielte keine einzige Note (der Pianist David Tudor löste das Problem, die einzelnen Sätze zu unterscheiden, indem er das Klavier dreimal öffnete und wieder schloß). Als Tudor im gleichen Jahr ‹4′33″› in Woodstock, New York, zum erstenmal aufführte, spielte er in einem Auditorium, das rückwärts zum Wald hin offen war; während des ersten Satzes konnten die aufmerksamen Zuhörer das Säuseln des Windes in den Bäumen hören; während des zweiten Satzes begann es zu regnen; während des dritten Satzes begannen die Zuhörer, ihr eigenes perplexes Gemurmel all den vom Komponisten ‹nicht intendierten Geräuschen› beizumischen. Die Frage muß offen bleiben, ob dies einmal ein Beispiel dafür war, wie Kunst die Natur imitiert oder wie die Natur die Kunst imitiert.»[45]

Zu einem nicht geringen Teil war Rauschenbergs Ergebnis des weißen Bildes mitbestimmt worden vom Einfluß seines Lehrers, des Bauhaus-Künstlers Josef Albers, der Leiter des Black Mountain College geworden war. Albers brachte die auf Objektivierung drängende Bauhauslehre an diese Schule. Sein entschiedenes Bemühen um eine Rationalisierung und Szientifizierung der Kunst wurde zunächst von Rauschenberg als Ordnungsgebot und als Einschränkung seiner Möglichkeiten empfunden. Die Austreibung des subjektiven «Selbstausdrucks» (Max Bill) war für den jungen Amerikaner das eigentliche, wenn auch unter Gegenwehr erfahrene Lernergebnis seiner Black-Mountain-College-Zeit. Wie weit diese Einschränkung des Selbstausdrucks ging, kann ein Bericht Rauschenbergs belegen, der seine weißen und schwarzen Bilder des Jahres 1951 als eine Reaktion auf Albers Lehre versteht: «Albers glaubte daran, daß es wichtig war, alles über Farbe zu wissen, was man wissen konnte. Er sagte, daß man, wenn man denke, daß eine Farbe besser als die andere sei, nur eine persönliche Vorliebe äußere. Ich traute meinem eigenen Geschmack wirklich nicht, und ich wollte nicht etwas tun, von dem ich wußte, daß es nur meine persönliche Vorliebe war. Ich wollte nicht, daß die Farbe mir zur Hilfe kam, mit anderen Worten, daß ich Grün gebrauchte, um Rot zu intensivieren, denn das würde bedeuten, Grün unterzuordnen [...] ‹Ich möchte nicht, daß die Malerei zu nichts weiterem als zu einem Ausdruck meiner Persönlichkeit wird›, sagte Rauschenberg. ‹Ich meine, sie sollte besser als das sein.›»[46]

Bis zum weißen Bild waren weder das Bauhaus noch die russische Avantgarde vorgedrungen. Rauschenbergs weißes Bild war eine der «letzten Konsequenzen». Gleichzeitig stellte sich bereits – im Anschluß an Albers – ein anderes Avantgarde-Motiv ein, die Tendenz zum vollständigen Verzicht auf «Selbstausdruck», die Eliminierung des Subjekts zugunsten einer ästhetischen, wenn möglich, «wissenschaftlichen» Objektivität.

## Die ästhetische Grenze

Wenn im vorausgehenden Kapitel häufig davon die Rede ist, eine Kunstrichtung sei zu einem letzten, folgerichtigen Resultat gebracht und eine *konsequente* Schlußfolgerung gezogen worden, so setze ich voraus, daß die Geschichte der Kunst ihren eigenen Diskurs hat. Wichtig ist die Erkenntnis, daß die exemplarischen Kunstwerke der Moderne nicht Willkürprodukte sind, sondern im nachhinein als intelligible Schritte einer Explikation erscheinen, die einen Anfang nimmt und ein Ende hat.[47]

Nicht von einer kunstimmanenten Gesetzmäßigkeit ist die Rede, vielmehr vom Realisierungsprozeß eines Potentials, das in einer Setzung wie etwa dem ‹Ersten abstrakten Bild› Kandinskys enthalten ist. Nicht die Zwangsläufigkeit einer Kausalität ist vorausgesetzt, sondern die Folgerichtigkeit eines Suchens. Wie weit dem einzelnen Künstler die eigene Rolle innerhalb des Gesamtprozesses bewußt ist, steht nicht zur Debatte. Die Avantgarde-Bewegung erschloß mit ihren unterschiedlichen Ergebnissen ein kunstimmanentes Potential, dessen Rationalisierungen von vielerlei ästhetischen Positionen her auf die Entgrenzung der Kunst in das Leben hinausliefen.

Es soll nicht behauptet werden, das abstrakte Bild (Kandinsky) sei eine zwangsläufige Folge des abstrahierenden (Fauves, Die Brücke), sondern daß das abstrakte Bild aus der Setzung des abstrahierenden Bildes erklärt werden kann, daß schließlich die Radikalisierung des abstrakten Kunstwerks das ästhetische *Objekt* ist. Das abstrakte Bild enthält in sich das Potential, das Kunstwerk nicht länger als rein Ästhetisches, sondern als ästhetisches Ding unter anderen Dingen zu begreifen, womit die Überführung der Kunst ins Leben bereits angekündigt ist.

Dieses Überführungspotential gibt sich zunächst ohne irgendein aufklärerisches Pathos zu erkennen. Mit der Feststellung, die bereits Maurice Denis im ausgehenden 19. Jahrhundert getroffen hat, ein Bild sei «eine glatte Oberfläche, die mit Farben bedeckt ist» [48], bleibt die Definition dieser Folgerung zunächst phänomenologisch bescheiden. Der Formphänomenologie wächst durch die Avantgarde der aufklärerische Impetus zu, die für die Kunst gewonnenen Freiräume in die Gesellschaft hineintragen zu wollen, was etwa Le Corbusier zu dem Ausruf veranlaßt hat: «So ist der Schlüssel für die Wiederherstellung des heute gestörten Gleichgewichts ein Bauproblem: Baukunst oder Revolution».[49] Die Setzungen der Avantgarde haben ihre eigene rationale Folgerichtigkeit, fächern sich auf in die verschiedenen Richtungen, die insgesamt von den unterschiedlichen Folgerungen her doch wieder zu dem gleichartigen Ergebnis gelangen, Kunst ins Leben zu überführen, oder aber – wie im Falle der weißen Leinwand – das ästhetische Potential des konkret absoluten Kunstwerks bis zur Neige, bis zum Beinahe-Verstummen auszuschöpfen.

Der Diskurs führt in der Breite seiner Auffächerung zu einer Reihe von *letzten Konsequenzen*. Die «Serie», die mit dem abstrahierenden Bild gesetzt war, kommt zu ihrem Ende in der weißen Leinwand oder in der Einsicht, daß sich die Identität von Kunst und Leben allein ästhetisch beschwören, nicht aber herstellen läßt. Hier hat der von der Avantgarde in Gang gesetzte und von den Künstlern der fünfziger und sechziger Jahre fortgeführte Diskurs ein Ende erreicht.

Dieses «Ende» der Avantgarde, das kein Ende der Moderne ist, war kein herbeigewünschtes, sondern eine vom Diskurs der Moderne selbst in seinen vielfältigen Konsequenzen beendete Explikation.[50] Das gestellte Thema hatte sich rational im Prozeß der Moderne erklärt. Das Kunstwerk wurde im Verlauf der Projektentfaltung zum sinnlichen Beleg dieser Rationalität, wurde mehr und mehr zur Illustration der Selbstbegründungssetzungen. Das Kunstwerk als Anschaulichkeit des «bildnerischen Denkens» gelangt zuletzt in den Status der rein verbalen Explikation (Concept Art); mit ihm verzichtet die Avantgarde gar auf die sinnliche Erscheinung des Werkes und stellt es nur noch rhetorisch vor. Das normsetzende Programm entließ das Kunstwerk aus sich heraus als verbalen Beleg seiner selbst. Von nun an muß der ästhetische Diskurs der Moderne auf einer anderen Ebene weitergeführt werden.

Ein Wechsel der Perspektive wird nötig. «Das Ende der Kunst» nach allen programmatischen Rationalisierungen der normsetzenden Bewußtmachung kündigt sich an: «post-histoire». Endstimmung breitet sich aus, eine intellektuelle Helligkeit jenseits der Sinneswahrnehmung. Die «spätmoderne» Conditio humana erfährt den Schock des Stillestehens.

Jetzt wird, was Peter Bürger bereits für die Kunst der sechziger Jahre in Anspruch nimmt, die Avantgarde zu einer *historischen*. Die historisch gewordene Moderne wird zur *Klassischen Moderne*.

Eine weiter durchgehaltene «lebendige» Moderne wird konservativ, wird zur «Neo-Avantgarde». Der Fortschritt wird zur Wiederholung, das fortschrittsgläubige Weiterschreiten über diese Grenze hinaus wird zum Repetiermechanismus. Es kommt zur ungläubigen Verwunderung darüber, daß die Moderne nicht mehr modern ist. Die Modernitätstheorie besetzt Bastionen und befestigt sich.

Die «spätmoderne» Melancholie dichtet ihr Nicht-weiter-Wissen der Postmoderne an: «Die Postmoderne wird eröffnet mit einem Sinn für einen unwiderrufbaren Verlust und ein unheilbares Versagen. Diese Wunde ist geschlagen durch ein überwältigendes Bewußtsein von einem Tod, der mit dem Tod Gottes ‹anfängt› und mit unserem eigenen Tod ‹endet›. Wir leben in einer Zeit zwischen den Zeiten, an einem Ort, der keiner ist.»[51] Dieser und ähnlicher Art sind die Schlüsse, die aus Jacques Derridas Denken des «Dazwischen» gezogen werden.

Auch von Ihab Hassan ist die Situation der Spätmoderne unter dem Etikett der Postmoderne beschrieben worden.[52] Hassans Kriterien für die Kunst und Literatur der späten Moderne belegen weit mehr den «Endzustand» und gehören zu jenem Modernitätsverständnis, das Arnold Gehlen als erster unter dem Begriff der «post-histoire» beschrieben hat. Von rückwärts her auf die Grenze des Ästhetischen zurückzublicken, durch die weiße Leinwand hindurch jenseits davon zu sein und zuletzt von hinten auf den Keilrahmen zu sehen, der die weiße Leinwand noch immer hält, ist die Position der endlichen Desillusionierung gegenüber dem letzten Ästhetischen, dem weißen Bild. Dann bleibt nur noch, sich einen Jux zu machen und das Bild verkehrt herum – mit dem Keilrahmen nach vorne – aufzuhängen.

Auch dies ist noch eine «letzte Konsequenz»! Salvo (Salvatore Mangione) hat die abschließende Feststellung getroffen. Er schraubte eine goldene Tafel auf eine Leinwand und setzte die Worte darauf: «My final painting».

Doch ist die Postmoderne nicht Resultatefülle und Anschauungslehre der «post-histoire», sondern abermalige Setzung – ein Trotzdem. Erneut: Fiktion! Es ist die Kunst nach der Helle des Bewußtseins von ihrem Ende.

# 2. TEIL
# POSTMODERNE – REVISION DER MODERNE

## Das Kunstwerk als Fiktion

Spätestens im Verlauf der frühen siebziger Jahre hatte sich in allen Bereichen der Kunst und der Architektur herausgestellt, daß die Speerspitze der Avantgarde stumpf geworden war und daß die Forderung, das autonome Kunstwerk ins Leben zu überführen, nicht mehr trug. Wolf Vostells Ausruf: «Kunst ist Leben – Leben ist Kunst!» und Joseph Beuys' Feststellung: «Jeder Mensch ein Künstler» waren bald zu historischen Bekenntnissen geworden, die ihren Aufforderungscharakter verloren hatten.

Die Avantgarde war daran gescheitert, daß sie der Kunst ihren Kunstcharakter nehmen und das Fiktive durch Realität austreiben wollte, aber dennoch glaubte, die Kunst erhalten zu können.

In der Architektur mußte sich jede Form legitimieren am Grundsatz der Funktionalität. Alles Fiktive mußte sich rechtfertigen an einer vorausgesetzten Zweckmäßigkeit. Da aber das Fiktive kaum je im engeren Sinne zweckbegründet ist, verdrängte die Funktion die Fiktion. Mit der Fiktion schwand aus der Architektur der Scheincharakter der Kunst, und übrig blieb die sogenannte harte Realität des Gebauten. Wie sich der Rationalismus in Zweckrationalität verwandelte, so mußte sich zuletzt alle Kunst an einem zugespitzten Begriff der Vernünftigkeit beweisen. Das Fiktive aber ist mit den Normen der Vernunft nicht zu messen – es erscheint als überflüssig (Ornament) und als ziellos (Phantasie). In dem Maße, wie in der Architektur die instrumentelle Vernunft die Oberhand gewann, verschwand die Fiktion aus dem Gebauten. Die Postmoderne greift in das sich leer drehende Rad ein und fordert eine Architektur als Baukunst zurück: nicht nur Funktion, sondern auch Fiktion!

Das Happening als die extremste Gattung der Entgrenzung des konkret absoluten Kunstwerks warf im umgekehrten Sinne die Fiktion, die das Leben sein sollte, auf sich selbst zurück und bewies, daß Kunst unausweichlich Fiktion blieb, eine Identität mit dem Leben also nur unter Preisgabe der Kunst erlangt werden konnte. Die Postmoderne verzichtet auf den Anspruch einer solchen Identität und führt das Kunstwerk auf seinen Scheincharakter zurück, sie bestätigt dessen Fiktionalität. Aus dem Kunstwerk als übriggebliebene Schale seines Theoriebezugs (die weiße Leinwand) kann nun wieder eine scheinhafte, dem Leben gegenüber Abstand haltende

Fiktion werden, die, und das gilt für die Postmoderne überhaupt, dem Argument, sie habe geschichtlich bereits Erledigtem erneut zur Aktualität verholfen, widerstehen muß.

Doch nun erst kommen Künstler der Moderne zur höheren Geltung, die im Diskurs der theoretischen Konsequenzen kaum eine Rolle gespielt hatten: der späte Picasso, der späte de Chirico, Francis Picabia und Max Beckmann. Es sind jene Maler, die «den Bezug zur Natur» nicht aufgegeben haben, also abstrahierend gearbeitet und sich gegen den Vorstoß zum gegenstandslosen Kunstwerk, oder wie Kandinsky sagte, zur «realen Kunst», ausdrücklich gewehrt haben. Es ging ihnen um die Aufrechterhaltung eines fiktiven Gehaltes in der Kunst, einer ästhetischen Distanz gegenüber der Wirklichkeit. Diese Distanz war nur signalisierbar, wenn überhaupt die Erfahrungswirklichkeit als eine Bezugsebene im Kunstwerk enthalten blieb.

Beckmann, der als Maler in der Kunstgeschichte der Moderne eine verspätete Erscheinung war, der zur Theorie-Explikation der Avantgarde kaum etwas beigetragen hat und dessen Werk auf dem Wege zum ästhetischen Ding außerhalb des Diskurses blieb, hat seine große Bedeutung im Festhalten an der Fiktion inmitten des Entgrenzungs- und «Verdinglichungs»-Diskurses (Werner Hofmann). So blieb es ihm und Picasso vorbehalten, den «Gehalt» des 20. Jahrhunderts, die Inhaltlichkeit des Wirklichen jenseits der Theorieillustration, zur Darstellung zu bringen. Beckmanns Thema war nicht die Definition des Kunstwerks, sondern die Bedrohlichkeit des Lebens. Was ihn an der Fiktion festhalten ließ, war die illusionslose Zudringlichkeit der Realität. Das Bedürfnis, mit Hilfe einer persönlich «erlittenen» Symbolik die Wirklichkeit des 20. Jahrhunderts zu deuten und in die Kunst hinüberzuretten, also das Leben zu «erzählen», nicht mit ihm identisch zu werden, sich auf dieses zu beziehen und seine Ereignisschwere festzuhalten, hat Beckmann davon abhalten müssen, die narrative Darstellungsfunktion der Kunst dem kunstimmanenten Diskurs ihrer Aufhebung zu opfern. Beckmann blieb damit ein «traditionell» abstrahierender Künstler, blieb dem Gewicht der Realität ausgeliefert. Er erhielt die Fiktion, um Wirklichkeit in der Kunst zu erhalten. Für die Kunst der Postmoderne ist Beckmann zusammen mit dem späten Picasso, dem späten de Chirico, mit Picabia und auch Alberto Giacometti eine Schlüsselfigur. Die Moderne selbst hat sie hervorgebracht.

Wenn die Fiktion des Kunstwerks in Zweifel geriet, so geschah das aus eben dem Grund, der Beckmann am Fiktiven festhalten ließ: einer kaum zu bewältigenden Wirklichkeit. Der Entgrenzungsdiskurs der Moderne war nicht nur von der immanenten Logik der ästhetischen Argumentation bestimmt, sondern vom Leben selbst. Von der Instanz der Realität her wurde der Zweifel am Scheincharakter des Kunstwerks weitaus gründlicher vorgetragen. Vor allem die Entwicklungen nach dem Zweiten Weltkrieg haben die Qualität der Absage an eine Kunst des Schönen Scheins vollständig verändert. Mit Adornos Ausruf: «Nach Auschwitz kein Gedicht mehr!» war die Kunst unmittelbar als ein Unangemessenes gegenüber dem Leben erklärt worden. Die Kunst war nicht länger aus nur ästhetischen, sondern aus ethischen Gründen in Frage gestellt. Während die kunsttheoretischen Argumentationen vergangener Zeiten zur Grundfrage der Kunst erhoben hatten, welche Inhalte darstellungswürdig seien oder welche Stilhaltung zu bevorzugen sei (zum Beispiel Poussinisten contra Rubenisten), so stellte sich nun weitaus grundsätzlicher die Frage, ob Kunst überhaupt noch möglich war, ob das Fiktive noch ertragen werden konnte.

Diesen kunsttheoretischen Grundkonflikt hat Thomas Mann in seinem während und unmittelbar nach dem Krieg entstandenen Roman ‹Doktor Faustus› (1949) artikuliert. Er läßt den humanistisch gebildeten Erzähler Serenus Zeitblom folgende Reflexion anstellen: «An einem Werk ist viel Schein, man könnte weiter gehen und sagen, daß es scheinhaft ist in sich selbst, als ‹Werk›. Es hat den Ehrgeiz, glauben zu machen, daß es nicht gemacht ist, sondern entstanden und entsprungen sei, gleich wie Pallas Athene im vollen Schmuck ihrer ziselierten Waffen aus Jupiters Haupt entsprang. Doch das ist Vorspiegelung. Nie ist ein Werk so hervorgetreten. Es ist ja Arbeit, Kunstarbeit zum Zweck des Scheins – und nun fragt es sich, ob bei dem heutigen Stand unseres Bewußtseins, unserer Erkenntnis, unseres Wahrheitssinnes dieses Spiel noch erlaubt, noch geistig möglich, noch ernstzunehmen ist, ob das Werk als solches, das selbstgenügsam und harmonisch in sich geschlossene Gebilde, noch in irgendeiner legitimen Relation steht zu der völligen Unsicherheit, Problematik und Harmonielosigkeit unserer gesellschaftlichen Zustände, ob nicht aller Schein, auch der schönste, und gerade der schönste, heute zur Lüge geworden ist.»[53] Die illusionistische Geschlossenheit, das

Gefüge des Kunstwerks als eine Welt in sich, eingegrenzt in seinem Bilderrahmen oder gefaßt zwischen zwei Buchdeckeln, hat seine Glaubwürdigkeit angesichts der Harmonielosigkeit der Gesellschaft verloren. Kunst «will Erkenntnis werden. Was aber aufhört, mit seiner Definition übereinzustimmen, hört das nicht überhaupt auf?» [54] Kann angesichts der Lebenswirklichkeit, aber auch angesichts der Wissenschaften, die Fiktion des Kunstwerks noch bestehen? Das war schon Hegels und Schillers Frage. Doch Hegel sah nicht die ästhetische Illusion durch den Zustand des Lebens, durch die Harmonielosigkeit der Gesellschaft gefährdet, sondern durch das Wirken des bewußtmachenden Geistes aufgehoben.

Sind also alle die Bilder, die noch immer gemalt werden, und alle die Romane, die ungebrochen die geschlossene Welt einer scheinhaften Wirklichkeit statuieren, sind sie als unreflektierte Populismen, als ein Spielatavismus unterhalb aller kunsttheoretischen Einsichten entstanden? Sind sie harmlose Fiktionen, die sich trotz eines höheren Bewußtseins in ungebrochene Unschuld hüllen, weil nun einmal die Phantasie phantasieren und das Spiel gespielt sein will? Ist ein Großteil der Gegenwartskunst in das Abseits des Unreflektiert-Naiven geraten, das weit vor unserem ästhetischen Bewußtsein eine Existenz des schönen Scheins aufrechterhält, trivial wie eine Geisterbahn auf dem Jahrmarkt, wo in einem selbstgewählten Dunkel allerlei seltsame Schreck- und Sensationsfiguren auf den Dahinfahrenden einstürmen, ohne daß dieser beunruhigt werden könnte, denn er kennt ja das Rasseln des Mechanismus, er weiß im voraus, was ihn erwartet, desillusioniert von solch trivialer Illusion?[55]

Die Forderungen der Avantgarde vorauszusetzen, die Ergebnisse der Moderne in ihrer Breite zu kennen und dennoch diese nicht länger zu bestätigen, dies alles zu wissen, ist mit der Wiedereinsetzung der Fiktion als Instanz einer auch in Zukunft möglichen Kunst verbunden. Es ist ein Trotzdem. «Der letzte Glaube besteht darin, an eine Fiktion zu glauben, von der man weiß, daß es eine Fiktion ist, ohne daß es etwas anderes gäbe. Die vortrefflichste Wahrheit ist zu wissen, daß es eine Fiktion ist und daß man willentlich daran glaubt.» [56]

Die Kunst nach dem «Ende der Kunst» ist die Postmoderne, die sich die Schwäche des Poetischen gegenüber dem Zweckmäßigen und die Beinahe-Unglaubwürdigkeit des Scheinhaften gegenüber dem Realen eingesteht. Die eigentliche Herausforderung der Postmoderne ist nicht nur der Verzicht auf Selbstbegründungsansprüche und damit die erneute Annäherung an den Historismus, sondern der Anspruch auf die Wiederkehr des Ästhetischen als Fiktivem, ist der Verzicht auf ein Aufklärungsideologem der Überführung autonomer Kunst in Lebenspraxis. Dieser Verzicht aber ist nicht willkürlich herbeigewünscht, vielmehr die Konsequenz aller aus der Avantgarde entwickelten notwendigen Folgen der Selbstbegründungsansprüche: Soll überhaupt noch Kunst möglich sein, so kann sie nur wieder als Fiktion möglich sein. Für die Malerei ist das der Status nach der Entgrenzung im Happening; für die Architektur ist das die einzig mögliche Antwort auf eine durch Bauen funktionalisierte Conditio humana. Postmoderne ist die Situation des ästhetischen Trotzdem.

Vergleichbar ist diese Konstellation mit der historisch vorgegebenen um 1800, als theoretisch einsehbar wurde, daß die philosophische Erkenntnis der Kunst die Existenz streitig machen und die Scheinhaftigkeit des Schönen von der Andringlichkeit des Lebens (Nutzens) aufgelöst werden könnte. Als Beleg sei an Friedrich Schillers Gedicht ‹An Goethe› erinnert:

> [...]
> Doch leicht gezimmert nur ist Thespis' Wagen.
> Und er ist gleich dem acherontschen Kahn:
> Nur Schatten und Idole kann er tragen,
> Und drängt das rohe Leben sich heran,
> So droht das leichte Fahrzeug umzuschlagen,
> Das nur die flüchtgen Geister fassen kann.
> Der Schein soll nie die Wirklichkeit erreichen,
> Und siegt Natur, so muß die Kunst entweichen.
>
> Denn auf dem bretternen Gerüst der Szene
> Wird eine Idealwelt aufgetan;
> Nichts sei hier wahr und wirklich als die Träne,
> Die Rührung ruht auf keinem Sinnenwahn.
> Aufrichtig ist die wahre Melpomene,
> Sie kündigt nichts als eine Fabel an
> Und weiß durch tiefe Wahrheit zu entzücken;
> Die falsche stellt sich wahr, um zu berücken.

Es droht die Kunst, vom Schauplatz zu verschwinden,
Ihr wildes Reich behauptet Phantasie,
Die *Bühne* will die *Welt* entzünden,
das Niedrigste und Höchste menget sie;
[...]

## Ankündigungen der Postmoderne – Pop Art

Als die Colorfield-Malerei in vollem Schwunge war, in den Jahren um 1960, kam die Pop Art auf, von der einer ihrer Bekenner, Robert Indiana, sagte:

«Pop ist alles das, was Kunst während der vergangenen beiden Dekaden nicht gewesen ist. Es ist im Grunde eine Haarnadelkurve zurück zu einer darstellenden visuellen Kommunikation [...]. Es ist eine plötzliche Rückkehr zum Vater nach einer abstrakten, fünfzehnjährigen Untersuchung des Mutterschoßes. Pop ist die erneute Verbindung mit der Welt. [...] Es ist der amerikanische Traum, optimistisch, großzügig und naiv. [...] Reiner Pop liest seine Techniken aus allen Kommunikationsprozessen der Gegenwart zusammen.» [57]

Die «Haarnadelkurve zurück zu einer darstellenden visuellen Kommunikation» war das erste Zurück einer ganzen Bewegung, die aus dem Explikationsprozeß der Moderne ausbrach und sich nicht mehr glatt aus den Setzungen der Avantgarde erklären ließ. Parallel zu diesem Prozeß, der in den sechziger Jahren seine letzten Stationen erreichte, jedoch außerhalb seiner Begründungszusammenhänge, brachte die Pop Art etwas zurück, von dem seit den vierziger Jahren allein noch im abgeschirmten Phantasiebereich des Surrealismus die Rede gewesen war: die gegenstandsbezogene Fiktion.

Die vier Sternscheiben Robert Indianas, ‹Red Diamond American Dream Nr. III› (Abb. 18), stimmten stilistisch in vielerlei Hinsicht mit den Zielscheiben-Images Kenneth Nolands überein. Doch hatte sich ihre Erscheinung verkompliziert. Nicht nur ihre Vervielfältigung komplizierte sie, sondern ein neuer, eingeschobener Inhalt: die in die Sterne eingeschriebenen Worte: «Take all» – «Tilt»; die Zahlen und Farbspiele machten deutlich, daß diese Scheiben zu einer amerikanischen Flippermaschine gehörten. Eines der Paradeobjekte der amerikanischen Subkultur war der Gegenstand, auf den diese *Darstellung* anspielte.

18 Robert Indiana, *Red Diamond American Dream Nr. III*, Öl auf Leinwand, 1962, Stedelijk Van Abbe Museum, Eindhoven

Nicht die Natur, die Landschaft, der Mensch, die stillen Dinge, nicht das Erhabene, das Repräsentative und nicht das Intime, nicht die abgesegneten Inhalte und Gegenstände der europäischen Kultur, nicht Heimat, Krieg und Großstadt waren die Themen, sondern die Künstlichkeit der Konsumwelt, die Artefakte des Banalen.

Was den zurückgeholten Gegenstand der Pop Art möglich und glaubwürdig machte, war die Entdeckung des subkulturellen Ausgeschlossenen, waren die Gegenstände des «American way of life».

Pop ist die «Verwicklung mit den unverschämtesten und bedrohlichsten Eigenarten unserer Kultur, mit Dingen, die wir hassen, die aber zugleich mächtig auf uns einwirken. Wenn es irgend etwas gab, das jedermann haßte, so war es die Reklame.»[58]

Von einer Seite her, die gänzlich kunstunwürdig schien, von der des Trivialen, des Kitsches und des Konsum-Pop, eröffnete sich der erneute Zugang zu Gegenstand und Welt. Die Pop-Gegenständlichkeit erfuhr ihre ästhetische Legitimation gerade durch die Tatsache, daß sie im Leben trotz ihrer Allgegenwärtigkeit die Rolle des Nicht-Gesellschaftsfähigen spielte. Ausgerechnet die Kunst ließ ästhetisch zu, was im Leben ästhetisch nicht verkraftet werden konnte. Die Kunst lieh sich den Ruch des Trivialen, um erneut den Gegenstand, die Erzählung, die Fiktion triumphieren zu lassen. Andy Warhols Campbell's Suppendose (Abb. 19) hatte das Dubiose, das nötig war, um überhaupt wieder den Gegenstand ins Spiel bringen zu können. Ihre Banalität adelte sie. Die Erzählung war als Trivialität, als Abklatsch, wieder zugelassen. Roy Lichtensteins Bilder der Liebe, der

19 Andy Warhol, *Campbell's Soup Can*, Siebdruck auf Leinwand, 1964

20 Roy Lichtenstein, *M-Maybe (A Girl's Picture)*, Dispersion auf Leinwand, 1965, Museum Ludwig, Köln

Sehnsucht, des Terrors und der banalen Dinge sind nicht Bilder einer Natur, sondern Wiedergaben des bereits entleert Wiedergegebenen; die Wahrnehmung geht durch die mediale Wahrnehmung hindurch und gibt sich zu erkennen als bereits Vermitteltes (Abb. 20). Der Comic strip tritt an die Stelle der Natur und mit ihm die Mechanik seiner Herstellung. Das Wiedererkennen gilt nicht dem Licht und der Atmosphäre der Weltlandschaft, sondern dem gleichmachenden «all over» des Druckrasters: nicht Illusion der Natur, vielmehr Haltmachen vor der dazwischengelegten Folie medialer Vervielfältigung. Nur so, als Mechanisches und Plattes, war Realität als Künstlichkeit ästhetisch wieder zumutbar.

Was die Pop Art davor bewahrt hat, bereits als postmodern disqualifiziert zu werden, ist ihre Entdeckung zeitgenössischer Themen, vor allem aber ihre stilistische Kälte. So wie jeder Illusionsanspruch durch das Dazwischen der medialen Transmission von vornherein bestritten war, so hatte auch die mechanische Kälte der Wiedergabe jede künstlerische Handschrift ausgetrieben.

In dieser Hinsicht traf sich die Pop Art mit den jüngsten Tendenzen der Avantgarde. Auch die Minimal Art der Sofort-Image-Malerei zielte auf einen scheinbar nicht von Menschenhand, sondern von der Maschine exakt hergestellten Formumriß. Gegenüber dem abstrakten Expressionismus eines de Kooning und eines Pollock sollte gerade nicht mehr die Aktion des Malens sichtbar bleiben, sondern sollte der Anschein erweckt werden, bei dieser Kunst sei kein Künstler mehr im Spiel. Wie Warhols Suppendosen das Etikett der Druckmaschine trugen und Lichtensteins Bilder nicht gemalt, sondern im mechanischen Druckprozeß hergestellt erscheinen sollten, so setzten auch Stella und Noland mit wachsender Entschiedenhet ihre Farben und Figuren als strukturlos handschriftsfreie Flächen auf die Leinwand (worin sie sich mit den Konstruktivisten, mit Josef Albers, Victor Vasarely, Richard Paul Lohse und Max Bill verbanden).

«Donald Judd: ‹Die Malerei des 20. Jahrhunderts war hauptsächlich darin verwickelt, die Gegenwart des Künstlers in seinem Werk zu betonen, häufig durch die Qualität des Unvollendeten, wodurch man an der Erfahrung des Künstlers, am Prozeß des Malens, hat teilnehmen können. Du lehnst das auch alles ab; Deine Arbeiten haben ein industrielles Aussehen, als seien sie nicht vom Menschen gemacht› [über Frank Stellas Werk].

Frank Stella: ‹[...] im Grunde war es immer noch das Bemühen, mit Farbe zeichnen zu wollen, was beinahe die gesamte Malerei des 20. Jahrhunderts charakterisiert hat. Die Art, wie sich meine Malerei entwickelt hat, machte das Zeichnen immer weniger nötig. Das war das, was ich niemals tun würde. Ich zeichne nicht mit dem Pinsel. [...] Ich fand heraus, daß ich in diesen Begriffen einfach nichts zu sagen hatte. Ich wollte keine Variationen hervorbringen; ich wollte nicht den Entstehungsprozeß festhalten. Ich wollte nur die Farbe aus der Dose auf die Leinwand bekommen.›»[59]

Eine Objektivierung der Kunstform wurde sowohl von Lichtenstein und Warhol als auch von Stella und Noland gesucht. Lichtenstein machte seine Kritik des *gemalten* Bildes explizit, als er mit nicht geringer Ironie einige großformatige Bilder malte, mit denen er übermäßig vergrößerte, farbsatte Pinselstriche zum Thema erhob (Abb. 21). Die «Tat des Künstlers», der Pinselstrich, wurde von Lichtenstein ironisch erledigt, indem er das bewegt Geschaffene ausrufezeichenhaft isolierte und es zur kalten Reproduktion werden ließ. Der einzige Inhalt des Bildes ist die Dramatik – oder Melodramatik? – des Pinselstrichs. Robert Rauschenberg hatte eine Zeichnung de Koonings schlicht ausradiert und das übriggebliebene weiße Blatt zum Kunstwerk erklärt.

Auf ebenso offenherzige Weise ironisierte Lichtenstein den Abstraktionsprozeß, machte ihn nur allzu deutlich durchschaubar, indem er in drei Stationen eine Kuh malte, die sich zunehmend in eine gegenstandslose Komposition verwandelte (Abb. 22).[60]

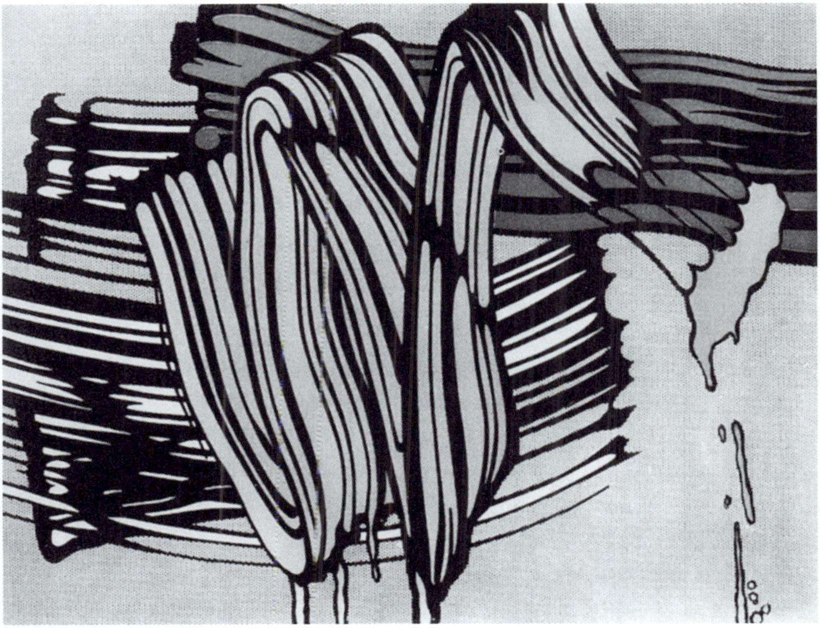

21 Roy Lichtenstein, *Roter und gelber Pinselstrich*, Öl und Magma auf Leinwand, 1965, Sammlung Philippe Durand-Ruel, Paris

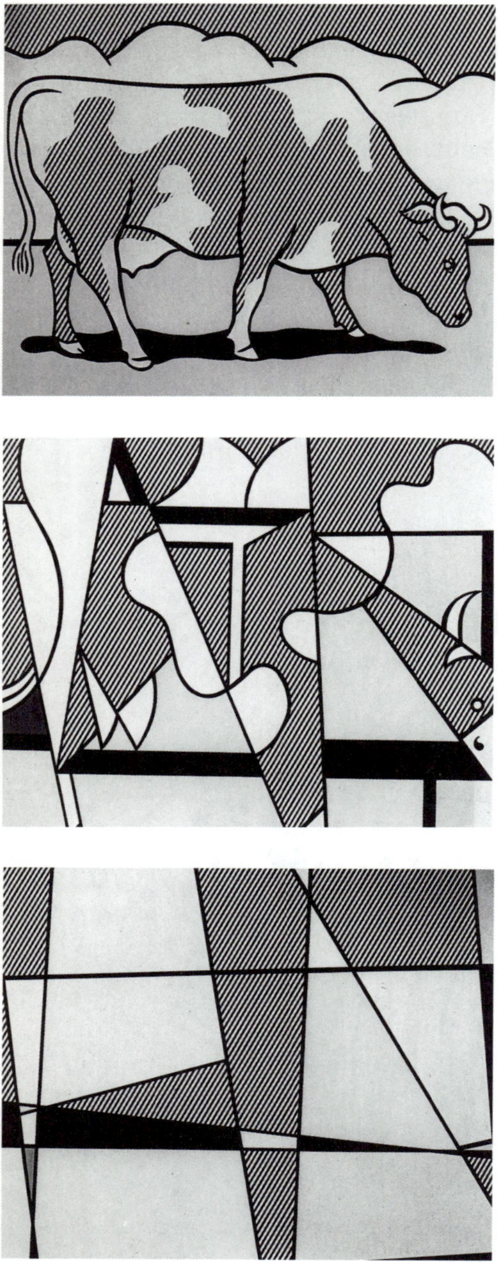

22 Roy Lichtenstein, *Cow Triptych (Cow Going Abstract)*, Öl und Magma auf Leinwand, 1974, Privatbesitz

Die Pop Art ergriff Besitz von einem Allerheiligsten und machte auch das «bildnerische Denken» der Abstraktion zu einem Pop-Gegenstand: «A cow goes abstract.» Wenn sich die großen Pinselstriche per se als Chiffren der Abstraktion ironisieren ließen, so hatte die abstrakt gewordene Kuh weit weniger Seriosität aufzubieten gegen eine wach gewordene Kritik der Kunst an dieser Kunst. Doch wurde auch das groß dimensionierte Triptychon am Ende nicht zur Karikatur, sondern blieb – Kunstwerk. Stella und Noland waren ohnedies mit dem Thema der Abstraktion nicht mehr befaßt. Das Projekt der Moderne war längst anderswo angelangt: beim nicht mehr komponierten, ja nicht einmal mehr – so schien es – gemalten Bild, das ästhetisches Ding geworden war. Lichtenstein hatte nicht die Gegenwart, sondern einen bereits historischen Status der Moderne der Kritik unterzogen.

## Die Malerei zwischen Moderne und Postmoderne

*Markus Lüpertz*

Mit den beginnenden sechziger Jahren – zunächst kaum bemerkt – traten einige deutsche Künstler hervor, die anderes beabsichtigten, als den Tachismus und das Informel als abstrakte Malerei fortzusetzen.

Markus Lüpertz malte seit 1964 eine Bildserie, die in vielfacher Variation immer nur ein Gebilde zeigte: die ‹Dithyrambe› (Abb. 23). Ein Ding von doppeldeutigem Charakter, weder Gegenstand noch abstrakte Figuration, besetzte, dreidimensional gefestigt, das gesamte Bildfeld. Auch dies ein «instant image», das das Zentrum der Leinwand voll beanspruchte, jedoch nicht wie Nolands konzentrische Kreise ganz vorn auf der Fläche saß, sondern eine Tiefendimension eröffnete, wie zum Greifen gemacht. Anders als die erfundenen Dingwelten der Surrealisten war dieser Gegenstand nicht Teil einer akausalen Phantasielandschaft, sondern er war das ganze Bild selbst, ein erfundenes Gebilde, das sich vergegenständlicht hatte. Lüpertz' ‹Dithyrambe› ist kein abstrahierendes Bild, da es von keiner realen Dingwelt ausgeht. Es ist auch kein abstraktes Bild, da es keine gegenstandslose Komposition ist. Der widersprüchliche Begriff des «abstrakten Gegenstandes» drängt sich auf, ein Ding zwischen allen Positionen des ästhetischen Diskurses der Moderne.

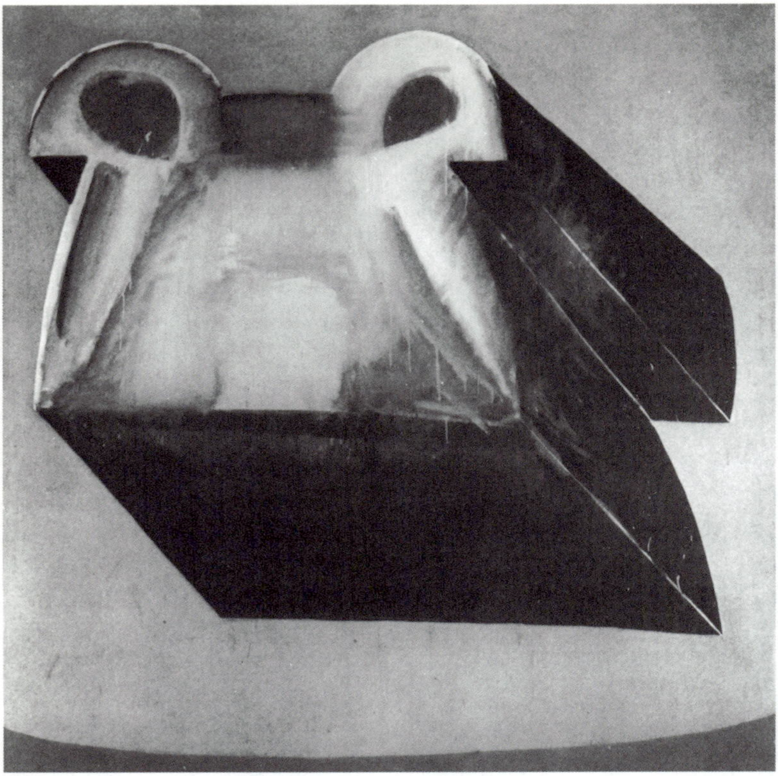

23 Markus Lüpertz, *Dithyrambe schwebend*, Leimfarbe auf Leinwand, 1964, Galerie Michael Werner, Köln

Die Isoliertheit der Dithyrambe erinnerte an die Isoliertheit der herausgegriffenen Objekte der amerikanischen Pop Art. Diese Konsequenz hat Lüpertz in der Folge gezogen, als er begann, an die Stelle der Dithyrambe reale Gegenstände zu setzen: einen Dachziegel, ein Spargelfeld (Abb. 24), eine Steppdecke usw. Doch im Unterschied zur Pop Art bezog Lüpertz die Rechtfertigung des Gegenstandes nicht aus dessen Verachtetsein, aus dessen subkultureller Vernachlässigung, sondern aus dessen Einfachheit. Lüpertz suchte Gegenstände, deren Identität an der untersten Schwelle der Ding-Konsistenz blieben, fast abstrakt waren. Die rote Welle eines Dachziegels, senkrecht ins Bild gestellt, war fast eine abstrakte Figur. Der Rapport der

Polsterfelder einer Steppdecke, einige Meter horizontal über die Malfläche gezogen, war fast eine geometrische Figuration. Die Stollen eines Spargelfeldes, hoch unter den Horizont gehoben, waren fast Minimal Art. Lüpertz ließ diesen Gegenständen den malerischen Reiz und die Schattierungsfülle eines bedeutsamen Objektes zukommen, dem die Monumentalität einer Repräsentationsfigur verliehen wurde: malerischer Schmelz gegenüber einem inhaltlichen Fast-Nichts. Lüpertz hatte nach der Abstraktion den Gegenstand in greifbar modellierter Dreidimensionalität an der äußersten Grenze seiner Gegenstandsidentität festgehalten, hatte die Einfachheit des Dings genutzt, um knapp vor Aufgabe jeder Inhaltlichkeit eben diese zu bestätigen. Das alles geschah, um wieder eine Spannung ins Bild zu bringen, um das bloße «Es ist, wie es ist» (Frank Stella) in einen komplexeren Zustand zurückzuversetzen und das Auge auf einen vexierbildhaften Umschlagpunkt zwischen Gegenständlichkeit und Abstraktion einzustellen. Nicht das prozeßhafte Zerlegen des Kubismus hielt den Blick in der Zwischenlage zwischen Gegenstand und Abstraktion, sondern die Einfachheit und Banalität des in seinen vollen Volumina gegebenen Gegenstandes selbst.

Wenn auch Lüpertz keine Perspektivmalerei betrieb, so hatte er doch das Tabu verletzt, das – wie Clement Greenberg sagte – die Quintessenz des modernen Bildes ausmachte: seine «Flächigkeit» *(flatness)*. Anzeichen eines dreidimensionalen Illusionismus machten sich wieder bemerkbar, wenn Lüpertz die Stollen seines Spargel-

24 Markus Lüpertz, *Spargelfeld – dithyrambisch,* Leimfarbe auf Leinwand, 1966, Privatbesitz

feldes im schräg einfallenden Licht bis hoch unter den Horizont in das Bildfeld zog; und doch verhinderte die Einfachheit des Gegenstandes, die illusionistische Bildtiefe zu zelebrieren: das Bild war und blieb ein inhaltliches Fast-Nichts, ein formales Fast-Abstraktes. Unter Umgehung nahezu aller Auflagen, die das Projekt der Moderne gemacht hatte, hielt sich Lüpertz dennoch in dessen Legitimationsbezirk, in dem er einen wesentlichen Aspekt ihrer Programmatik aufrechterhielt, den Minimalismus, die Entleerung des Bildes (Ad Reinhardt). Was ihn jedoch davon abhielt, den Entleerungsprozeß bis ans Ende mitzugehen, das war eben die Erhaltung des Gegenstandes knapp vor dessen Entschwinden, war auch die Subjektivität seiner den Duktus des Pinselstrichs enthüllenden Malerei.

Doch in der Folge ging Lüpertz mit beängstigender Direktheit den Weg zurück zum gegenständlichen Bild. Als habe er den changierenden Zustand seiner Bilder zwischen Abstraktion und Einfachheit aufgeben wollen, suchte er sich von den Inhalten her die Gegenstände zusammen, die sich zu einem Bild fügen ließen – «deutsche Motive» – wie er sie nannte. In gewisser Weise war das auf anderer Ebene eine Parallele zur amerikanischen Pop Art, welche die verachteten Dinge des «American way of life» ins Bewußtsein geholt hatte. Lüpertz indessen wählte die unbewältigten Tabu-Gegenstände einer, wie er es nannte, «deutschen Ideologie», den Stahlhelm, Uniformen und Offiziersmütze, die emblematisch belasteten Gegenstände Schaufel (Arbeitsdienst) und Kornähre. Seine Bilder wurden Ding-Agglomerationen, denen der Mensch abhanden gekommen war. Leere Mäntel, Mützen, Hosen, Schneckengehäuse, Paletten traten zu trophäenartigen[61], erbeuteten Gegenständen zusammen und ersetzten die menschliche Gestalt. Sein Bild ‹Schwarz-Rot-Gold – dithyrambisch› (Abb. 25) wurde zum Inbegriff dieser Phase seiner Malerei: ein Trophäenkarren mit Stahlhelm als Kopf und ein Panzer als Körper war in eine Sumpflandschaft gerollt und hielt zwei Schaufelstecken wie Gewehrmündungen von sich fort. Das Menschen-Schemen aus Hülsen und Stücken war beinahe zu einer symbolischen Verdichtung der bundesrepublikanischen Existenz geworden, zumal das Bild aus den Farben Schwarz, Rot und Ocker («Gold») aufgebaut war. Lüpertz hat sich selbst dazu bekannt, mit seinen deutschen Motiven provozieren zu wollen.[62] Nur das Tabu, das Lüpertz anrührte, gab ihm die Erlaubnis, sich derartig weit zu entfer-

25 Markus Lüpertz, *Schwarz-Rot-Gold – dithyrambisch*, Leimfarbe auf Leinwand, 1974, Privatbesitz

nen von aller Abstraktion, so wie sich die amerikanische Pop Art auf den Banalgegenstand berief, um wieder gegenständliche Malerei zuzulassen. Es schien, als wolle Lüpertz mit seinem Beharren auf dem Gegenstand die belastete Vergangenheit der «deutschen Motive» ebensosehr entlasten wie sie andererseits monumental in Erinnerung rufen. Damit griff er in Inhaltszusammenhänge ein, die ihn vom abstrakten, erfundenen Gegenstand seiner Dithyramben wegführten bis hin zu einer fast wieder gegenständlichen Malerei. Das «Projekt der Moderne» stand mit einem Male inhaltlich zur Diskussion, wobei ihr ästhetischer Diskurs nur insofern noch mitschwang, als Lüpertz sich hüten mußte, ein nur noch illustrativer Künstler zu werden. Er setzte die von ihm kultivierten Mittel der verfremdenden Ding-Kombination und der Abstraktion weiterhin ein, um sich vor dem Absturz in eine emblematisch symbolisierende Gegenständlichkeit zu retten.

Seit 1976 hat sich Lüpertz geradezu abrupt mit neuen Überlegungen, die er «Stilmalerei» nannte, aus dem gefährlichen Magnetfeld der Gegenständlichkeit zurückgezogen. Er war nun zum erstenmal wirklich ein «abstrakter Maler». Mit virtuos abstrakten Bildern (Abb. 26) katapultierte er sich mitten hinein in den erlöschenden Diskurs der Avantgarde, nahm er sich auch die Einzigkeit seiner schwierigen Operation, die mit den Dithyramben begann und mit den Gegenständen der deutschen Ideologie, den isolierten, entleerten Dingen, um 1976 endete.

Mit der Wendigkeit des modernen Pluralisten berief er sich fortan auf den Selbstbegründungsanspruch der Moderne, griff auf deren Ergebnisse zurück und ging nun auf seine Weise die Resultate eines Pablo Picasso, Georges Braque und vor allem des Amerikaners Arshile Gorky noch einmal durch. Lüpertz übersprang die jüngsten Ergebnisse der Malerei und setzte dort noch einmal an, wo die Moderne begonnen hatte: er malte komponierte Bilder, altväterlich spannungsvolle Balanceakte von gut verteilten Formgewichten und geistreichen Verhältnissen zwischen Fläche und Tiefe.

Das komponierte abstrakte Bild war durch die Geschichte der Moderne überholt und zum Belegstück einer «klassischen Moderne» geworden. Damit stand die Moderne nun ihrerseits der Historisierung offen, denn sie war zu einer Geschichte ihrer vergangenen Positionen geworden. Markus Lüpertz griff jetzt zurück auf die «überwundene» Position des komponierten Bildes; seine Malerei nahm zum erstenmal einen historistischen Grundton an, den seine «gegenständlichen Bilder» zuvor nicht aufgewiesen hatten. Als Lüpertz zukunftsstolz ausrief: «Ich bin ein abstrakter Maler!», war er bereits im Begriff, die Abstraktion zu historisieren und eben jenen

26 Markus Lüpertz, *Seil: Eins-Zehn*, Öl und Leimfarbe auf Leinwand, 1977, Galerie Michael Werner, Köln

Ausweis, der die Legitimation für die moderne Rechtgläubigkeit abgab, als Einlaßkarte für seinen Eintritt in die Postmoderne zu verwenden.

In letzter Konsequenz kann sich die Moderne, will sie sich nicht preisgeben, nur wiederholen. Mit dieser Wiederholung – dem Paradox der Neo-Moderne – beginnt die Post-Moderne.

*Georg Baselitz*
Als Georg Baselitz 1961 seine ersten Bilder ausstellte, wußte niemand, nach welchen Begriffen man sie beurteilen sollte. Sie paßten in keine der zeitgenössischen Tendenzen und waren nicht zu vereinen mit der fortschreitenden Explikation der Moderne – sie waren nur eindrucksvoll gut gemalt. Wirklich erkannt wurden sie erst, als sich in den ausgehenden sechziger Jahren die Fronten aufweichten und

27 Georg Baselitz, *Versperrter Maler*, Öl auf Leinwand, 1965, Privatbesitz

die «Konsequenzen» keine mehr waren. Baselitz tat alles, was nicht in diesen Diskurs hineinpaßte: er «zeichnete mit dem Pinsel» – die äußerste Unerträglichkeit für Frank Stella –, bestand auf dem alle Formen aufweichenden Duktus des frei hingesetzten Pinselstriches, dachte nicht an geometrisierte Verwandlung des absoluten Bildes in ein ästhetisches Ding und mischte seine, wie er sagte, «pubertären» Konvulsionen aufwallend in seine thematisch geprägten Darstellungen. Seine frühen Bilder waren frei von jeder Programmatik, die dem Projekt der Moderne hätte dienen können.

Ab 1965 malte Baselitz eine Serie großer Jünglingsgestalten, einen «neuen Typ«, wie er sie nannte, einen «Helden» (Abb. 27). Allerdings waren es verwundete, taumelnde, aber dennoch breitbeinig schwere Gestalten in Kampfanzügen. Das war Selbstvergewisserung, Inhaltsbesessenheit, waren Fiktionen des Ichs. Von irgendeiner kunsttheoretisch verifizierbaren Position, die den Diskurs der beginnenden sechziger Jahre mitbestimmt hätte, konnte keine Rede sein.

28 Georg Baselitz, *Drei Streifen, zwei Kühe*, Öl auf Leinwand, 1967, Staatsgalerie Moderner Kunst, München

29 Georg Baselitz, *B. für Larry*, Öl auf Leinwand, 1967, Privatbesitz

Unter diesen Helden fanden sich bald Figuren, die durchgeschnitten waren, ‹Der Halbierte›. Halbierte Köpfe kamen hinzu, halbierte Tier- und Menschenleiber: ‹Ein Stück Malerei›. ‹Drei Streifen, zwei Kühe› war ein in drei Teile zerschnittenes Bild, dessen Fragmente nicht länger zueinander passen wollten (Abb. 28). Baselitz war im

30 Georg Baselitz, *Der Wald auf dem Kopf*, Öl auf Leinwand, 1969, Museum Ludwig, Köln

Begriff, seinen eigenen Weg der Gegenstandsabstrahierung zu gehen; er zerteilte Kühe und Hunde, kombinierte die falschen Teile miteinander oder ließ Zwischenstücke fortfallen, versetzte Kühe und Hunde in einen Schwebezustand, ließ ihre fraktierten Körperstücke bodenlos über die Bildfläche vagabundieren, aufsteigend, fallend, schwebend («Frakturbilder»). Gleichzeitig begann er, buchstäblich seine Motive zu zerreißen, malte die weißen Rißlinien mit in das Bild hinein, als sei der Gegenstand aus Fetzen zusammengesetzt oder als müsse er in Fetzen zerfallen (Abb. 29). Von den Schönheiten eines das Ding zerlegenden Kubismus war keine Rede mehr: der Gegenstand wurde von Baselitz brutal in Stücke geschnitten und gerissen, das Ding zerstört, um das Bildganze erneut aus Fragmenten aufzubauen.

Baselitz vollzog auf seine Weise die Abstrahierung als Spätgeborener noch einmal. Er vernichtete seine eigenwillig aufgebauten Fiktionen und machte daraus eine zwischen Gegenstandszerstörung und Gegenstandserhalt spannungsvoll oszillierende Malerei, der alle

Möglichkeiten der Farbe und des Duktus zu Gebote standen. Was auch immer Baselitz malte, es blieb von subjektivem Eigenwillen aufgeladen. Die Objektivität der Geometrie und des mechanisierten Farbauftrags war nicht seine Sache. Ein Romantizismus des Engagements verweigerte sich dem objektivierenden Gang der Geschichte, der späten Moderne. Baselitz lag individualistisch quer, um dennoch, wenn auch auf seine Weise, den zentralen Themen der Moderne Tribut zu zollen.

Den vorläufig letzten Schritt auf diesem Wege tat Baselitz, als er 1969 begann, das Sujet verkehrt herum zu malen. Sein erstes vollgültiges Bild dieser Art nannte er demonstrativ ‹Der Wald auf dem Kopf› (Abb. 30). Er hatte eine Strategie entwickelt, die es zuließ, den Gegenstand zu erhalten und dennoch ein abstraktes Bild zu malen. An den Betrachter war die Aufforderung gerichtet, aus dem Gegenstand heraus den Umschlag zu vollziehen und aus der Dingwelt eine reine Komposition werden zu lassen. Nicht der Maler vollzog die Abstraktion, wie Baselitz sie mit seinen Frakturbildern vollzogen hatte, sondern der Betrachter erlebte sie im Sehvorgang als Dingbefreiung. Das auf den Kopf gestellte Sujet war gleichzeitig Sehhilfe und Verneinung einer fiktiven Nacherzählung der Welt. Der lapidare Akt der Umkehr des Sujets, von vornherein als auf dem Kopf stehend gemalt, muß im Gesamtdiskurs der Moderne wie eine Finesse erscheinen, das eine zu tun und das andere nicht zu lassen.

Für Baselitz hieß dieser Schritt jedoch, die Konsequenz zum abstrakten Bild gerade nicht zu ziehen, um damit nicht in die Willkür zu verfallen, alles und jedes tun zu können: «Für mich bestand das Problem darin, keine anekdotischen, deskriptiven Bilder zu schaffen. Andererseits war mir die nebulöse Willkür der Theorie der gegenstandslosen Malerei immer verhaßt. Die Umkehrung des Motivs im Bild gab mir die Freiheit, mich mit malerischen Problemen auseinanderzusetzen.»[63] Dem bruchlosen Fluß des Diskurses der Avantgarde nicht folgend, erlegte sich Baselitz die Bindung an den Gegenstand auf, um sich mit den malerischen Problemen auseinandersetzen zu können. Dies bedeutete, «letzte Konsequenzen» gerade nicht zu ziehen und sich vor den Gefahren eines Programms und dem Zwang zum jeweils nächsten Schritt zu bewahren, sich also Hindernisse in den Weg zu legen, die nicht nur Subjektivität erhalten, sondern vor dem schnellen Ende des alles Gesagten schützen sollten. Wieder hatte Baselitz seinen eigenen Weg gewählt, um – quasi im kunstgeschichtlichen Nachvollzug – zu reinen Kompositionen zu gelangen, sich aber dennoch, und das war das Neue, das absolute Bild nicht zu erlauben: eine Strategie des Nicht-Alles-oder-Nichts. Baselitz spielt mit den Methoden der Moderne, um seine Subjektivität nicht preiszugeben; zwischen den Welten steht er auf der Grenze zwischen Moderne und Postmoderne.

### *Gerhard Richter*

Das Werk Gerhard Richters wurde wie kein anderes zu einem Hochseilakt des Malens an der Grenze der Kunst. Wie kein anderes ist es ein Werk des Pluralismus, das von der verloschenen Leinwand bis zur Landschaftsidylle ein nahezu einmaliges Spektrum der Möglichkeiten umschließt. Alle diese Arbeiten belegen die von Richter immer neu gestellte Frage, was Kunst noch vermag. Die Farbe Grau wurde seine bevorzugte Farbe, weil in ihr alle Farben zu einem Halbton zusammengeflossen sind, der alle Buntheit in sich verschluckt. Es war das Grau der Amateurfotos – der Zeit um 1965 –, von denen Richter damals sagte, er fände manche davon «besser als den besten Cézanne».[64] Die Entdeckung des Amateurfotos war eine europäische Variante der Entdeckung von Vervielfältigungsverfahren der Medien durch die amerikanische Pop Art. Für Richter war es nicht der Zeitungsdruck wie für Warhol, Lichtenstein und dann auch für Sigmar Polke, der die Rastertechnik Lichtensteins radikalisierte, sondern es war das Foto mit seinen Grautönen und seiner Alltagsthematik, das Richter zum Ausgangspunkt seiner Malerei nahm.

Inspiriert von der Fluxus-Bewegung, die seit dem Anfang der sechziger Jahre in der Bundesrepublik um sich griff, hatte Richter seinen Protest gegen die hohe Kunst angemeldet: «Es war alles sehr zynisch und destruktiv. Es war ein Zeichen für uns, und wir wurden zynisch und frech und sagten uns, daß Kunst Quatsch ist und Cézanne blöd usw. [...] Ich will ein Foto malen! Fluxus war der Katalysator.»[65] Ähnlich wie bei den amerikanischen Pop-Künstlern, die über den Trivialgegenstand zur gegenständlichen Malerei zurückfanden, war für Richter das Trivialmotiv des Amateurfotos das Vehikel, den Gegenstand überhaupt noch malen zu können, nachdem er der Malerei des sozialistischen Realismus in der DDR entflohen war. Mit seinen gemalten Grau-in-grau-Fotos ließ sich jedoch

31 Gerhard Richter, *Familie Schmidt*, Öl auf Leinwand, 1964, Privatbesitz, Hamburg

kein Pathos verbinden (Abb. 31); der farbensprühende Optimismus, den die amerikanische Pop Art dem Banalen abgewann, war bei Richter nicht wiederzufinden. Viele seiner Themen waren durchaus dramatisch (‹Stukas›, ‹Tiger›, ‹Sargträger›), doch malte er seine Bilder mit der Teilnahmslosigkeit des Kameraauges. Richter schien allen Objekten und Menschen gegenüber gleichgültig. Seine verfremdende Technik bestand in dem einfachen Mittel, keinem seiner Fotobilder eine Scharfeinstellung zu gönnen. Immer nur gab Richters Kameraauge Unschärfen und gar Verwacklungen wieder, als habe ein Nichtkönner ‹Familie Schmidt› fotografiert (Abb. 31). Dieser Trick sicherte Richter den Effekt der «Abstraktion»; nicht die Exaktheit des Fotorealismus interessierte ihn, sondern das «Verwackeln» und «Verwischen» des scheinbar fotografisch erfaßten Gegenstandes, der dem Auge in seinen Umrissen zu entgleiten drohte. ‹Zwei Fiat› (Abb. 32): die vorüberhuschenden Reflexe zweier Autos, mit langsamer Zeiteinstellung «fotografiert», dahinter die unscharfen Baumstämme eines ins Dunkel versinkenden Waldes – ein beinahe abstraktes Bild, das aus seiner fotografischen Laienhaftigkeit seine gegenständliche Inkonsistenz bezog. Richter malte seine Fotos an der Grenze der Gegenstandsidentität – wären sie noch ein wenig stärker verwackelt, würde uns nur noch die graue Unkenntlichkeit übriggeblieben sein.

Auch dieses unkenntliche Grau malte Richter, unbewegte graue Flächen, die er vielfach wiederholte, als könne auch noch diesem alle Formen und Farben auslöschenden Grauton eine Nuance abgewonnen werden. So begann Richter auch, in dessen Werk der ersten 15 Jahre das lapidar graue Bild immer wiederkehrt, die abgestorbenen Grauflächen mit Strukturen zu durchdringen (Abb. 33). Gepunktete Grauflächen, Flächen mit «malerischen» Pinselstrichen, oder eine schlierenhafte Fingermalerei dokumentieren den Zustand eines Immer-noch-Malens am Rande des gänzlichen Verschwindens.

32 Gerhard Richter, *Zwei Fiat*, Öl auf Leinwand, 1964, Sammlung Dieter Giesing, Hamburg

33 Gerhard Richter, *Grau*, Öl auf Leinwand, 1973, Besitz des Künstlers

34 Gerhard Richter, *Vermalung (grau)*, Öl auf Leinwand, 1972, Hessisches Landesmuseum, Darmstadt

«Wolfgang Pehnt: ‹Gemalt haben Sie ja nun immer.›

Richter: ‹Ja, trotzdem, manchmal mit schlechtem Gewissen. So war das Malen der Versuch, die Möglichkeit zu erproben, was Malerei überhaupt noch kann und darf, und der Trotz, trotzdem zu malen, obwohl es scheinbar nichts bringt.›»[66]

Während Ad Reinhardt angesichts seiner schwarzen Bilder noch immer die Absicht hatte, die Kunst für die Kunst zu retten und aus der Entleerung die letzte Rechtfertigung zu ziehen, breitet sich über Richters graue Bilder jene Melancholie aus, die das Malen begleitet, wenn es «scheinbar nichts mehr bringt». Einige dieser grauen oder schwachfarbigen Bilder nannte Richter ‹Vermalung› (Abb. 34): ein Schlierennetz und Linienknäuel von sich überlagernden, endlos gezogenen Striemen hat alles Gegenständliche und alle Farbbestimmtheit fortgenommen, als müsse der Malakt selbst jeden anderen Gedanken «vermalen». Das war alles, was blieb.

Im Jahr 1968 malte Richter drei kleine Korsika-Bilder (Abb. 35), die in der langen Reihe der verwackelten Fotobilder nicht sonderlich auffallen würden, wenn sie nicht außergewöhnlich «schön» wären. Die schwachfarbigen Seelandschaften mit bedecktem Himmel behielten den Amateurfoto-Effekt, keinen Vordergrund zu haben. Die so offensichtliche Schönheit des Motivs war stümperhaft ins Auge gefaßt. Seitdem hat Richter immer wieder – wie er sie nannte – «subversiv reaktionäre» Bilder gemalt, Landschaften und «Seestücke», die aus der fotografischen Ungunst des Ausschnittes die

35 Gerhard Richter, *Korsika*, Öl auf Leinwand, 1968, Privatbesitz, Kassel

36 Gerhard Richter, *Schädel mit Kerze*, Öl auf Leinwand, 1983, Privatbesitz, Berlin

Rechtfertigung bezogen, ungeahnt schön zu sein, und aus der Verwacklung einen malerischen Schmelz gewannen, der Vermeer alle Ehre gemacht hätte.

So schön auch diese Bilder waren, sie hielten sich aufrecht durch eine Ironie, die Richter mit hineingemalt hatte und die das Sentiment des Fotoamateurs kolportierten. Vor dieser Schönheit nicht hinzusinken, sondern die Ironie gegenüber dem Natursentiment erleben zu müssen, war die Subversivität dieser «reaktionär» schönen Bilder. Die Strategie des Bilderhalts hatte mit Richters Fotobildern einen intellektuellen Witz gewonnen, der mit der Interpretation des schon Interpretierten, mit der Malerei des schon Fotografierten, mit dem bewußten Kommentar des unbewußt Erlebten eine Doppelbödigkeit angenommen hatte, die auch dem «schönen» Bild wieder die Existenz erlaubte. Dieser Hochseilakt verlieh Richters Bildern eine einzigartige Distanz, hielt sie in der intellektuellen Ferne des nicht länger Unmittelbaren. Das mimetische Bild wurde wieder möglich als medial vermitteltes – doch war das eine Mimesis, die mit der Natur zugleich brach.

«Das war immer diese Balance. Ich wußte, daß man eigentlich nicht so malen kann. Das war mehr der trotzige Versuch, es trotzdem zu tun oder manchmal über meinen Schatten zu springen. So zu tun, als wäre es möglich, als könnte man so Natur noch malen. Es war ja eher ein Versuch, auch die Malerei als so heil anzusehen, wie sie mal gewesen war. Möglicherweise.» [67]

«Subversiv» bedeutete, das schöne («reaktionäre») Bild unter den simulierenden Umständen eines Amateurfotos doch noch malen zu können, also die fotografische Fehlleistung zur Voraussetzung zu machen, um am Ende sogar Landschaftsbilder zuzulassen. Waren nicht die Familienbilder und verwackelten Landschaftsausschnitte der Amateurfotografie die letzten, noch immer denkbaren Bilder überhaupt, deren Naivität von keiner Reflexion je in Frage gestellt werden konnte? Das Bild profitierte von der Naivität des Fotos, wie es gleichzeitig als gemalte Fotografie die Naivität überwand.

Richter (wie auch Baselitz) argumentierten nicht im Sinne einer ins Leben zu überführenden Kunst, sondern unternahmen im Gegenteil artistische Hochseilakte zur Erhaltung des Fiktiven, des Bildes. Zuletzt, seit etwa 1976, nimmt Richter das ironische Element des Subversiven aus seinen Fotobildern heraus und malt problemlos schöne Bilder, farbige Bauerngehöfte in Sommerlandschaften oder klassische Stilleben von abbrennenden Kerzen und Totenköpfen: Vanitas (Abb. 36). Die fotografische Unschärfe als einst kritisches Element ist nun zur schönen Malerei «malerischer» Vollkommenheit geworden. Ohnedies sind die Motive des Amateurfotos ‹Familie Schmidt› und unscharf vorbeifahrender Autos kein Thema mehr. Mit der Ironie gegenüber dem Banalmedium Fotografie schwindet die Distanz des Vorbehaltes: Rückkunft des schönen Bildes.

Gleichzeitig, seit 1976, beginnt Richter eine Reihe farbintensiv abstrakter (absoluter) Bilder (Abb. I), die von seiner ehemaligen Scheu vor der Farbe nichts mehr ahnen lassen: «Wahrscheinlich weil diese Bilderfeindlichkeit, dieser Purismus, dieser moralische Zwang, diese Enthaltsamkeit unerträglich geworden waren. Dann mußte es eine Sackgasse sein. [...] So sehe ich es auch in der allgemeinen Entwicklung. Ich sah es bei mir bei den grauen Bildern, die monochrom waren. Da gab es kein Weiterkommen. [...] Dann kann man sich nur noch aufhängen, übertrieben gesagt. So kann man auch nicht leben. Man muß ja eine Meinung haben. Bei aller Schönheit,

1 Gerhard Richter, *Abstraktes Bild*. Öl auf Leinwand, 1984, Sperone Westwater Gallery, New York

II Bernd Zimmer, *Rapsfeld,* Dispersion auf Leinwand, 1980, Privatbesitz

III Rainer Fetting, *Drummer und Gitarrist,* Dispersion auf Leinwand, 1980, Privatbesitz

IV Frank Gehry, *Haus des Architekten,* Santa Monica, Cal., 1978–1979

die die Bilder hatten, hatten sie auch mit artikulierter Ohnmacht zu tun. Deswegen war mir auch der Cage-Spruch so angenehm: ‹Ich habe nichts zu sagen, und das sage ich.›»[68]

Von dieser endzeitlichen Stimmung ist in Richters jüngstem Werk kaum noch etwas zu spüren. So wie er aus seinen Stilleben und Landschaften die Ironie der Trivialvermittlung durch das Amateurfoto herausgenommen hat, so ließ Richter in seinen abstrakten Bildern zum erstenmal die Fülle der Farbigkeit zur Geltung kommen, als seien ihm nun endlich nach Jahrzehnten alle Skrupel geschwunden und als könne er nun spontan die Sinnlichkeit der Farbe voll ausloten. Auf großen Formaten zelebriert er die neu gewonnene Freiheit farbiger Abstraktion, um dazwischen dem Pluralismus intimer Stilleben und scheinfotografischer Landschaften zu frönen. Die Artistik des Bilderhalts und die raffinierten Strategien eines «subversiv reaktionären» Malens sind der unkomplizierten Sinnlichkeit, dem ungebrochenen Auskosten der malerischen Möglichkeiten gewichen:

«Bloß jetzt hat diese reine Malerei, hoffe ich, durch diese etwas strenge Zeit, die ich hinter mir habe, ein ziemlich breites Fundament.»[69] [...] «Sie meinen, daß dieses kritische Bewußtsein und dieses gewisse Unglück, das die Malerei in Frage stellt, Motivation sein konnte, überhaupt zu malen oder trotzdem zu malen? Das auf jeden Fall. Die Anstrengung, die diese Kritik mit sich brachte, hat auch einiges gezeigt, hat die Malerei erweitert, neue Möglichkeiten geschaffen.»[70]

Richter hat als Pluralist in der Düsseldorfer Ausstellung ‹Von hier aus›[71] die Reihe seiner abstrakten Bilder mit kleinformatigen Landschaftsdarstellungen durchsetzt, als ginge es darum, die zwei Wege der Malerei – die Gegenständlichkeit und die Gegenstandslosigkeit – nebeneinander zu demonstrieren, als könne die Große Abstraktion vor der Großen Realität haltmachen und als ginge es nicht länger mehr darum, sich die Moderne durch das Programm der Abstraktion gegen eine darstellende Kunst der Vergangenheit bestätigen zu lassen. Richter, der Pluralist par excellence, pluralisiert zuletzt auch die Grundlagen der Moderne, zelebriert die Farbenwunder des abstrakten Bildes und läßt gleichzeitig die Naturerfahrung als idyllische Fiktion einer schönen Welt dazwischentreten, als solle und müsse das eine die Parallele zum anderen sein.

«Vielleicht haben wir jetzt mehr Hoffnung oder mehr Grund zur Hoffnung, weil die Zeiten sogar schlechter geworden sind. Daß wir deswegen das Malen als Hoffnung ansehen können und darin wieder eine Möglichkeit sehen, diese Kunst gebrauchen zu können.» [72]

Für Richter stellte sich die Alternative zwischen Moderne und Postmoderne nicht. Seine Malerei ist beides und zugleich jenseits von diesem Entweder-Oder. Daß aber die wieder zugelassene Kunst nicht nur ein nostalgisches Zurück hinter theoretische Positionen einer fortgeschrittenen Moderne bestätigt, sondern aus einer Problemsituation für eine mögliche Zukunft argumentiert, also nicht nur nostalgische Dekoration ist, sondern aus dem tiefsten und ständigen Zweifel an der Kunst die Kunst erneut in ihrer Direktheit fordert, ist die Quintessenz des Gesamtwerkes von Gerhard Richter.

## Malerei der Postmoderne – die Neuen Wilden

Die Generation nach Polke und Richter, nach Baselitz und Lüpertz, die «Neuen Wilden», hatte die Probleme ihrer Vorgänger nicht mehr. Ihre Malerei durchbrach den «Diskurs der Moderne», ignorierte die intellektuellen Überlegungen, die Malerei zu einem Hochseilakt zwischen Gegenstandslosigkeit und Realitätserfahrung gemacht hatte. Was sie angreifbar machte, war ihre naive Direktheit, war ein Rückfall in eine Malerei, die vorgab, von allen programmatischen Strategien ihrer Vorgänger nichts zu wissen. Sie stellten wieder einen Abstand zwischen Kunst und Leben her, indem sie zwischen Bild und Wirklichkeit die Distanz des Fiktionalen einschoben. Damit schienen sie kunsttheoretisch an den Punkt zurückgekehrt, an dem sich die Maler der ‹Brücke› bereits befunden hatten: sie waren zu gegenstandsbezogenen, abstrahierenden Malern geworden, deren Bilder wieder einen narrativen Inhalt hatten und den komplexen Diskurs der Moderne nicht weiterführten. Das war ihr Sündenfall, indem ihre Malerei «sich der von der modernen Bewegung geschaffenen Formensprache souverän bedient, während sie die überschwenglichen Hoffnungen auf eine Versöhnung von Kunst und Leben *aufgegeben* hat» [73], wie Habermas kritisch feststellte.

Die Neuen Wilden beantworten die Frage, was nach der weißen Leinwand noch kommen könnte, mit einem Rückzug aus dem folgerichtigen Diskurs der Moderne. Was längst in der Kunst keine

Rolle mehr spielte, die Darstellung eigener Erfahrungsinhalte, die Malerei als Medium der Erzählung, sollte wieder gültig sein. Das aber bedeutete, nach der höchsten künstlerischen Bewußtheit, nach einer weit vorgetriebenen Explikation des Diskurses, wieder naiv sein zu wollen. Sie konnten nicht darauf hoffen, daß eine Kritikergeneration, die sich in alle Stufen dieses Prozesses hineingedacht hatte, sich quasi selbst aufgab und darin einwilligte, eine schwierige Kunst der «Kommentarbedürftigkeit» und der theoretischen Positionen schlagartig zu vergessen und statt dessen eine Kunst der neuen Fiktionen anzuerkennen. Das hätte bedeutet, dem kunsttheoretisch trainierten Intellekt abzuschwören, nachdem man eben noch dabei war, in praktischen und theoretischen Exerzitien die Schritte bis nahe an das Ende des Kunstwerks nachzuverfolgen. Hatte man nicht eine erhabene Stufe einer «Kunst nach dem Ende der Kunst» bereits erreicht? Die höchste Erhellung jener «post-histoire», die wie ein stilles Wasser weit mehr zur Meditation als zum Fortschreiten aufforderte, war unmittelbar Geschichte geworden und hatte uns in die siebziger Jahre geführt, von denen Eduard Beaucamp meinte, sie seien «dermaßen ereignislos» gewesen, «daß es der Kunstbetrieb seit langem vorzieht, von einer Kunst der achtziger Jahre zu sprechen.»[74]

Inmitten dieser Ereignislosigkeit, etwa seit 1978, geschah jene Aufkündigung einer Kunst, die sich selbst überflüssig machen wollte. In Italien begannen die Künstler der Arte Cifra – Sandro Chia, Francesco Clemente und Enzo Cucchi –, in Deutschland die Berliner, Kölner und Hamburger Neuen Wilden erste Gehversuche zurück zu einer Kunst der ästhetischen Fiktion.

Mit einem Mal sollten alle Anstrengungen, den eingeschlagenen Weg weiterzuführen, vergeblich gewesen sein. Die Neuen Wilden ignorierten den erreichten Stand der Theorie, sie wurden zu den neuen «Bewußtlosen», zu Malern, die das Bild als einen abgeschirmten Bereich der erzählenden Darstellung deklarierten und von den Bemühungen um die Geburt des «ästhetischen Objektes» nichts wissen wollten[75], denen die Leinwand im eigentlichen Sinne des Wortes ein «Medium» blieb, das zwischen Kunst und Leben vermittelte, nicht aber ein «shaped canvas» werden sollte. Die Kontinuität der Suche, die intelligible Fortentwicklung folgerichtiger Innovationen, das Projekt der Moderne, schien dem Rückschritt geopfert. Auf ähnliche Weise wie in der Architektur, in der das Ornament und die symbolisierende Darstellung, die inhaltsthematische Fiktion, dem «ästhetischen Eigensinn des Funktionalismus» (Habermas) entgegenläuft, hat in der Malerei die Abwendung von den Konsequenzen des Projektes der Moderne stattgefunden: historische Exempla, und seien es die der historischen Moderne selbst, sind an die Stelle einer fortgesetzten Explikation der Selbstbegründungen getreten.

Das Bild wieder als Fiktion zu verstehen, hieß auch, den Weg aus der Gegenstandslosigkeit heraus zurückzugehen in die Gegenständlichkeit hinein. Karl Horst Hödicke, einer der Lehrer der Berliner Neuen Wilden, tat diesen sich der Abstraktion letztlich verweigernden Schritt zu einem frühen Zeitpunkt. Seit den einsetzenden sechziger Jahren malte er eine Reihe von Bildern, die auf den ersten Blick aussahen wie abstrakte Kompositionen (Abb. 37). Ein geometrisches Muster füllte die Leinwand. Der zweite Blick enthüllte indessen, daß Hödicke «Gegenstände» malte, bedruckte Stoffe, Kompositionen von Neonzeichen, Reflexe in Schaufenstern. Anders als die Konstruktivisten konzentrierte er die Bildfigur nicht auf die geometrische Rechnung, sondern wählte geometrisch geordnete Muster der Erfahrungswirklichkeit, die er zum Bild erhob. Dieses Vorgehen setzte die Kenntnis des gegenstandslosen Konstruktivismus voraus, um aus der ihm abgewonnenen Ästhetik auf den Gegenstand zurückzuleiten. Die Rückführung war bewußter Akt. Das geometrische Muster war als «abstraktes» Bild in die Form einer *Darstellung* von etwas, in ein Fiktives, übergeleitet.

Auf ähnlicher Argumentationsebene hat später auch Bernd Zimmer operiert. Seine meist großformatigen Bilder von Raps- und Weizenfeldern (Abb. II) bestehen aus nahezu abstrakt anmutenden Flächen, die ihre Gegenständlichkeit durch einige wenige Manipulationen gewinnen. Zimmer hat die große gelbe Einheitsfläche seines Rapsfeldes fast bis an die obere Bildkante gezogen. Die flüssigen Pinselstriche von Dispersionsfarbe überziehen die Leinwand in einem Zuge. Allein der schmale Streifen blauen Himmels hoch oben und das kleine braune Dreieck eines ausgegrenzten Feldes verwandeln das gelbe *«color field»* in eine Landschaft.

In der Tat ist eine solche Fläche – Rapsfeld – als nahezu einheitlich einförmige Farbfläche ohne die vorausgehende Erfahrung der amerikanischen Colorfield-Malerei nicht denkbar. Die Überführung eines abstrakten Bildes in eine gegenständliche Darstellung baut auf den

37 Karl Horst Hödicke, *Große Reflexion*, Kunstharz auf Leinwand, 1965, Privatbesitz

Ergebnissen der Avantgarde auf. Insofern setzt Bernd Zimmers Bild die im Bereich des abstrakten Kunstwerks gewonnenen Erfahrungen gegenständlich fiktional fort. Das Resultat ist eben nicht eine Reprise des Expressionismus der Brücke-Maler, sondern ein Neues, das dem Diskurs der Moderne zwar nicht folgt, ihn jedoch «postmodern» mobilisiert. In Zimmers Bild wirkt als «verborgene Vernunft» (Habermas) ein «bildnerisches Denken», eine theoretische Vorgabe weiter, die von jeder dezisionistischen Spontaneität, die der Begriff der Neuen Wilden nahelegt, weit entfernt ist.

An jenem Punkt, an dem der Diskurs der Moderne nicht weiterführte, weil er als Utopie die Versöhnung zwischen Kunst und Leben nicht verwirklichen kann, weil alles auf Versöhnung Hingezielte nicht ans Ziel gelangen kann, muß die Argumentation auf jene Ebene verlagert werden, auf der zumindest die Kunst erhalten werden kann. In Einschränkung, in der Erkenntnis ihrer *Grenze* gegenüber dem Leben, gewinnt die Kunst ihre neue Botschaft.[76] Sie muß dafür die bloß erdichtete Botschaft, das «nur» Fiktive in Kauf nehmen.

Paradoxerweise hat eine Kunst, die mit dem Leben identisch sein wollte, zuletzt über das Leben nichts mehr zu sagen gewußt, weil sie selbst Leben sein wollte. Das «ästhetische Objekt» blieb ein bloß anschaubares, ein nur kunsttheoretisch erschließbares Angebot auf Versöhnung. Was der Kommentar nahelegte, blieb in der Anschauung mehr denn je isoliertes, autonomes Kunstwerk.

## «Selbstausdruck»

Während die Kölner und Hamburger Neuen Wilden im Allegorischen und Symbolischen die Inhalte suchten, haben die Berliner Maler weit mehr auf die Erfahrung gesetzt; man kann sagen, daß sie «Erlebnisbilder» malten, vor allem in den ersten Jahren zwischen 1977 und 1983.

Die kunsttheoretische Position dieser Bilder ist am zutreffendsten mit dem von Max Bill negativ gebrauchten Begriff des «Selbstausdrucks» bezeichnet. Während für ihn und für andere Konstruktivisten die Suche nach objektivierbaren Regeln und nachmeßbaren Flächendefinitionen den ganzen Sinn der Kunst ausgemacht hatte, also jegliches subjektive Bekenntnis als Abweg von einer das Ich austreibenden Rationalität hatte gelten müssen, kehren die Neuen Wilden die Zielsetzung um, gehen von sich selbst aus und setzen an die Stelle geometrischer Objektivität die Erfahrungshöhepunkte des eigenen Lebens.

Während für die Konstruktivisten wie überhaupt für die Maler der sechziger Jahre, auch die der Pop Art, die Unterdrückung des Handschriftlichen zugunsten abgeklärter, scheinbar mechanisch, «kalt» hergestellter Farbflächen Devise war, brechen die Neuen Wilden aus den Vorschriften der rationalistischen Rechnung aus: die Komposition wird handschriftlich offengelegt. Der sichtbar gebliebene Auftrag der Farbe als bewegter Duktus läßt in die Maltechnik ebensoviel Selbstausdruck eingehen wie auch die Wahl der Themen von Selbsterfahrung bestimmt ist.

Seit Pollock und de Kooning, seit Karl Otto Goetz und Hans Hartung war der handschriftliche Farbauftrag kaum noch zu Ehren gekommen; Roy Lichtenstein hatte den Pinselstrich als große Gebärde entlarvt und ironisiert, Rauschenberg hatte eine Zeichnung von de Kooning ausradiert und damit die Subjektivität der Linienführung vernichtet.

Die offizielle Kunst der sechziger und frühen siebziger Jahre – sieht man von Malern wie Jasper Jones oder Georg Baselitz ab – hatte sich in die Richtung der Objektivation entwickelt: das Druckraster der Pop Art, die Geometrie der «targets» Kenneth Nolands und der späteren «Shaped canvas» Frank Stellas, die ruhigen, duktuslosen Flächen eines Barnett Newman und die im «Seriendruck» hergestellten Abziehbilder Andy Warhols, die scharfen Umrisse der Op Art und die geometrischen Vexierbilderspiele der Konstruktivisten liefen allesamt in die gleiche Richtung, die sichtbaren Spuren der individuellen Bewegung des Malens aus der Kunst auszutreiben. «Selbstausdruck» war die Naivität und Ichsucht diesseits der vorgetriebenen Rationalisierungsstufen moderner Malerei. Die Entgrenzungstendenzen einer Malerei, mit der das subjektiv Gemachte durch das objektiv Festgestellte ersetzt werden sollte, waren durch den Selbstausdruck des Malens vom Ziel abgelenkt. Die Intellektualität der Versachlichungsprozesse wich dem erneuten Appell an die sinnliche Wahrnehmung des Ich-Ausdrucks.

Der Rückfall in die expressionistische Gegenstandsabstraktion der frühen Moderne und das Abirren vom langen Weg, der von der Abstraktion zum ästhetischen Ding und zur weißen Leinwand führte, wurde zum kunsttheoretischen Vorwurf gegen den Revisionismus der Neuen Wilden. Zwar hatten die Neuen Wilden nicht wie viele Architekten der Postmoderne eine historisierende Stilkunst hervorgebracht; vielmehr bewegten sie sich nach wie vor im Selbstbegründungsbannkreis der Moderne. Doch es war eine wiederholte Selbstbegründung, ein Rückfall in die Inkubationszeit der Moderne: Neo-Moderne. Wenn schon einerseits das Dogma der Avantgarde-Bewegung eingehalten wurde, nicht länger das Vorbild der historischen Stile zu respektieren, so war andererseits die Moderne in Frage gestellt, wenn die ungebrochene Erfindung des Neuen aus dem Neuen in sich zurückgewendet wurde und die Moderne sich selbst zu wiederholen begann. Das war der Ruf nach einer neuen Naivität trotz fortgeschritteneren Wissens, erneut behauptete Abstraktions-Subjektivität nach Überwindung des Selbstausdrucks durch das Kalkül der konstruktivistischen Ratio.

Angesichts solch vehementer Kehrtwendung zählte der Hinweis nicht, daß die Malerei der Neuen Wilden nicht einfach eine Reprise des Expressionismus war, sondern daß eine Reihe von zeitgenössischen Malerfahrungen in ihre Bilder eingegangen war. Ein Bild wie Rainer Fettings ‹Drummer und Gitarrist› (Abb. III) kann mit dem Verweis auf den deutschen Expressionismus nicht erklärt werden. Schon das Format von 210 × 270 cm, einer eng begrenzten Bildthematik zugewendet, liegt jenseits des neo-expressionistischen Rekurses. Die große Leinwand gibt der großflächig hingesetzten Komposi-

38 Helmut Middendorf, *Großstadteingeborene*, Triptychon, Dispersion auf Leinwand, 1981, Privatbesitz

39 Rainer Fetting, *Van Gogh und Mauer,* Dispersion auf Leinwand, 1979, Privatbesitz

tion Raum. Die dünnflüssige Dispersionsfarbe, mit breitem Pinsel aufgetragen, erlaubt eine Technik des scheinbar Spontanen, die von den Fauves und den Expressionisten nicht erreicht worden ist. Das Format und – damit verbunden – die Maltechnik führen heraus aus einer vermeintlichen Reprisenkunst. Die Bilder der Neuen Wilden sind nicht reine Kompositionen gestischer Malerei, sondern Zeugnisse des Lebens heute, subjektive Bekenntnisse der Welterfahrung: narrative Fiktionen. Middendorfs ‹Großstadteingeborene› (Abb. 38) sind die «Neuen Wilden», Katakombengestalten, die als schwarze Silhouetten im Laserlicht der Diskotheken menschliche Existenz der

40 Salomé, *TV-Warrior*, Kunstharz auf Nessel, 1978, Privatbesitz

Gegenwart verkörpern. Fettings Van-Gogh-Bilder (Abb. 39) sind Selbstreflektionen des Malers, der sich seine Leitfigur als groteskes Wesen an die Berliner Mauer heranholt und van Gogh in die eigene Gegenwart projiziert.

Der Mitteilungsgrad hat bei diesen Malern die Intensität des Bekenntnisses: keine Schilderung der Welt und des Menschen als unverbindliches Sein, sondern interessegeladene Erfahrungskonzentration, die als pars pro toto für Gegenwart im allgemeinen steht.

Salomés Bilder kreisen um eine immer aufs neue ausgedeutete Thematik: die Homosexualität. Sein ‹TV-Warrior› (Abb. 40) ist ein Lust-Delinquent, der sich in seiner privaten Aufmachung öffentlich preisgibt, starr frontal wie ein griechischer Kuros. Das Bild steht in verdoppelter Drastik vor Augen. Einmal erkennt man auf der Fernsehermattscheibe das Porträt Salomés; dann in der Variante ein farbig eingesprühtes Geflimmer – ein gegenstandsloses Bild. Auf der Mattscheibe kann das Gegenständliche in Abstraktion umkippen und umgekehrt: das Medium des Bildes einmal so, dann so. Doch das ist nur kommentierendes Randgeschehen, Attribut einer ausgesetzten Gestalt. «Selbstausdruck» heißt hier Selbstbekenntnis, das aus dem Leben heraus ein verallgemeinertes, symbolisches Gewicht erhält.

Rückkehr zur narrativen Thematik erlaubt den Subjektivismus der Selbstoffenbarung, als sei der Mitteilungsdrang das eigentliche Motiv, jedes kunsttheoretische Postulat zu mißachten. Die Spontaneität des Malaktes verbindet sich mit dem Selbstausdruck der angesammelten Erfahrung: Leben, das auf diese Weise niemals zuvor gelebt wurde und das Recht beansprucht, außerhalb des kunstprogrammatisch Erlaubten zumindest zur Anschauung gebracht zu werden. Das Erfahrungsinteresse durchschneidet die Folgerichtigkeit des Diskurses der Avantgarde. Daraus entsteht die Gefahr, bald alles gesagt zu haben und das wiedergewonnene Fiktive nur so lange verteidigen zu können, solange es die Spannung des Selbstausdrucks tatsächlich enthält.

Wie sich herausstellt, ließ sich das Eintauchen in historische Bewußtlosigkeit und atavistische Unmittelbarkeit des Lebens nicht durchhalten. Die Arbeiten der Neuen Wilden, die um das Jahr 1980 entstanden sind, erscheinen heute als Zeugnisse einer bereits historisch gewordenen Postmoderne. Ihr «hochgemuter» (Peter Iden) Glaube an die Möglichkeit, die Kunst selbst auf die Unmittelbarkeit des Lebens zurückzuführen und diese ebenso unmittelbar nacherzählen zu können, hat sich als ein inzwischen verhallter Hilferuf nach einer wieder elementaren Kunst erwiesen. Was Baselitz und Lüpertz, auch Hödicke noch in einer intellektuellen Schwebe hielten, haben sie zur Feier des Festes vereindeutigt. Ihr Licht ist rasch aufgeflackert und schnell heruntergebrannt.

## Die Rekonstruktion des Gegenstandes

Die Neusetzung des fiktionalen Bildes ist verbunden mit einer Rekonstruktion des Gegenstandes aus der Gegenstandslosigkeit heraus. Wenn die Moderne den Weg abstrahierend vom Gegenstand fort ging, so geht die Postmoderne von der Abstraktion zum Gegenstand zurück. Ein Titel wie für Roy Lichtensteins Triptychon ‹Cow Going

Abstract› (Abb. 22) müßte nun umgekehrt werden: «abstract forms become a cow».

Wie bereits am Beispiel von Zimmers ‹Rapsfeld› angedeutet, ist die Umkehr kein einfaches Zurück zu den historischen Voraussetzungen. Die Erfahrungen der Moderne und des abstrakten Kunstwerks gehen in die Wiedererfindung des Gegenstandes ein und bringen Reibungsflächen hervor, schaffen einen Spannungszustand zwischen Abstraktion und gegenständlicher Neusetzung des Fiktionalen.

So könnten die Landschaften Anselm Kiefers (Abb. 41) Farbflächenkompositionen sein, große Felder, die erst durch Horizontlinien und die Andeutung von Ackerfurchen sich in das verwandeln, was sie bedeuten sollen. Sie werden gegenständlich durch die Erfahrung der Abstraktion hindurch und tragen zugleich die Struktur der Abstraktion wie die Spelzen des schon Gekannten und Bewußten an sich. Ihre historische Stellung im Fluß der Geschichte ist nicht erklärt als «Schritt zurück», sondern als ein Trotzdem und Hindurch.

41 Anselm Kiefer, *Maikäfer flieg,* Öl, Acryl, Emulsion auf Rupfen, 1974, Privatbesitz, Köln

42 Sandro Chia, *Ohne Titel*, Öl auf Leinwand, 1983, Slg. Paola Chia, New York

Zimmers und Kiefers Felder-Bilder lassen deshalb keinen störungsfreien Illusionismus aufkommen, weil sie in einem ständigen Zustand des Umschlagens wahrgenommen werden: sie können sich in Farbfelder verwandeln und als reine Komposition gesehen werden, um dann doch wieder Landschaften zu werden. Mit solchen Effekten des Wahrnehmungsprozesses arbeitet auch Baselitz, um den Schwebezustand zwischen Figuration und Abstraktion offenzuhalten. Dem Betrachter wird verboten, dem Illusionismus zu verfallen und die Fiktion zu glauben; doch ist sie möglich. Das Kunstwerk gibt sich als ein Ergebnis des Wahrnehmungsprozesses zu erkennen, ist nicht absolut für sich, sondern zweipolig changierend zwischen Illusion und Komposition, bei Kiefer und Zimmer mehr Hinweis auf einen Inhalt als mimetisch ertäuschter Inhalt.

Der Italiener Sandro Chia hält in fast allen seinen Bildern ein Kontrastprogramm aufrecht (Abb. 42). Scharf herausgegrenzte, klar entzifferbare Hauptfiguren besetzen das Bildzentrum und werden von gegenstandslosen Hintergründen und Umfeldern gefaßt. Der Maler selbst bildet sich als schwere, auf dem Bauch liegende Figur

43 Sandro Chia, *Meditation*, Öl auf Leinwand, 1981, Antony d'Offay Gallery, London

ab, die umfaßt wird von einem kubistisch futuristischen Formenaufruhr. An die Stelle der Weltszene tritt die Kunstszene, die Reminiszenz des abstrakten Bildes, das die Figuration aus sich entläßt. Es scheint, als würde der Maler, der seinen Namen hervorbläst, mitten im Gewirbel der Gegenstandslosigkeit an seinem eigenen Körper den Gegenstand zurückgewinnen.

In seinem Bild ‹Meditation› (Abb. 43) stellt Chia eine Figur im verlorenen Profil dar; sie hält zur Anschauung ein rotes Kügelchen von sich fort. Ebensolche Kugeln, rote, weiße, gelbe, durchwirren zusammen mit Kandinsky-Fibrillen den tiefblauen Hintergrund. Das Bild ist gegenstandslos und figurativ zugleich, scharf in zwei Ebenen zerlegt. Der Blick sucht das Zentrum, die Figur, und wird doch von dem großangelegten Umfeld, der gegenstandslosen Komposition, abgelenkt. Die Bildtitel erklären scheinbar anspielend tiefsinnig, was tatsächlich ein Spiel zwischen den Antipoden von Abstraktion und Figuration bleibt. Es ist eine Kunstwelt, die dem Illusionismus entgegengehalten wird: die erzählte Geschichte erzählt nur das Formprogramm, setzt aber keine Welt in die Welt.

## Architektur: Funktion und Fiktion

Sehr viel deutlicher als die der anderen Künste hat die Avantgarde der Architektur darauf gedrungen, die «autonome Kunst im Sinne einer Überführung der Kunst in Lebenspraxis» aufzuheben und den epochalen Versuch zu wagen, das Schöne mit dem Zweckmäßigen und die reinen Formen mit aufklärerischer Rationalität zu identifizieren. Eine neue Architektur sollte die Gesellschaft verändern, so daß fortan, wie Le Corbusier meinte, jede soziale Revolution überflüssig werden würde.[77]

So wenig Le Corbusiers Wunsch erfüllt wurde, so deutlich war doch mit dessen Forderung jener Versuch gekennzeichnet, mit den «reinen Formen unter dem Licht» auch eine geistige Klarheit zu gewinnen, die als Rationalität der gebauten Form die gesamte Gesellschaft durchdringen sollte. Wenn eben noch mit dem Jugendstil eine Verjüngung der Gesellschaft zwar gefordert, doch zuletzt nur der Rückzug in die Residuen des guten Geschmacks übriggeblieben war, so setzten die Architekten des Neuen Bauens von vornherein Maßstäbe, die aufs Ganze zielten: Nicht die Kunst und die verfeinerte Existenz, sondern das Leben aller und die Welt der Arbeit sollten von Grund auf verändert werden. Aus den Fabriken sollten «helle weite Arbeitsstätten» (Walter Gropius) und aus den Slums sollten Wohnungen im Grünen werden, wo Licht, Luft und Sonne freien Zutritt hatten. Die neue Ästhetik war für Gropius, Le Corbusier, Mies van der Rohe und Max Taut zunächst – zumindest der Absicht nach –

gesellschaftsveränderndes Programm, das in der ‹Ville radieuse› (Le Corbusier) oder in der ‹Kathedrale des Sozialismus› (Bauhaus, Weimar 1919) und im Bürohaus ‹G› (Mies van der Rohe) seine Symbolformen gefunden hatte.

Entsprechend einer solchen von Anfang an beabsichtigten Identität von Kunst und Leben im Neuen Bauen wollte die aus dem 19. Jahrhundert mitgeschleppte Künstlichkeit, wollte jegliches Ornament als Dekoration hohler Macht und falscher Repräsentation erscheinen. «Herunter mit den Muschelkalkfassaden in Dorisch, Jonisch und Korinthisch», hatte Bruno Taut in seinem ‹Seriosismus›-Manifest von 1920 gefordert, repräsentative Selbstversicherung all derer, «die nicht durch ein Nadelöhr gehen». Das soziale Pathos mischte sich mit dem Pathos der Rückführung aller Architektur auf die einfachen geometrischen Formen, auf das «Leichte und Grazile» (Bruno Taut). Die Reinigung der Architektur von allem Ornament war Anrufung des Ursprünglichen und Elementaren, war ästhetische Klärung des Entstellten und Zugedeckten – und war gleichzeitig utopisches Projekt einer Gesellschaft von Gleichen, die der Repräsentation der Macht nicht mehr bedurfte.

Das Ornament, von dem Adolf Loos sprach, war «Verbrechen», insofern es Arbeitskraft vereinnahmte und Mehrarbeit verursachte. Der aufgeklärte Mensch ließ sich nicht länger gleichsetzen mit den «Wilden» und «Primitiven», die jedes Gebrauchsgut über und über mit Ornament schmückten, so wie sie ihre Haut mit Tätowierungen bedeckten. Der Ornamentiker war nicht nur der Lächerlichkeit überführt, sondern, was schlimmer war, der Verschwendung von Kraft und Kapital. Mit der Ästhetik der einfachen reinen Formen der Geometrie verband sich eine Sozialmoral, die auch den Menschen reinigen sollte von allem, was nicht zum Elementaren seiner Existenz gehörte.[78]

Für eine Dekade, für die Zeit zwischen 1920 bis 1930, entstanden im Kontrast zur historischen Stadt des 19. Jahrhunderts vorbildliche Siedlungen, die auch dem Fabrikarbeiter, der in den Großstadtslums zu verelenden drohte, ein neues und besseres Leben ermöglichen sollten. Bruno Tauts Berlin-Britz und Ernst Mays Römerstadt in Frankfurt wurden zu Fanalen eines neuen, sozialverantwortlichen Bauens und damit zu Marksteinen der Moderne. Mit der Verwandlung des Gebauten sollte die Gesellschaft mitverändert werden. Die

Stadt der Zukunft mit ihren «weißen Mauern», von der Adolf Loos sprach wie vom künftigen Paradies auf Erden, war bedeutungsschwanger von den hinzugedichteten Visionen eines besseren und schöneren Lebens, von dem jeder gläserne Kubus und jeder weiße Rechtkant Zeugnis ablegen sollte. Die große Reinigung, die Reduktion der Formen, war Bedeutung genug, war das inhaltsschwere Pathos der Avantgarde. Die neue Leichtigkeit der Konstruktion, die Durchsichtigkeit der gläsernen Flächen, die Einfachheit der ausgespannten weißen Fassaden, nahezu gewichtlos in ihrer Erscheinung, waren die neuen Formqualitäten, denen der höhere Sinn, demokratische Architektur, die Symbolik der Avantgarde abgewonnen wurden.

Am Ausgang der zwanziger Jahre war die Menschheit des alten Europa im Begriff, in die «weißen Städte Zions» (Adolf Loos) einzuziehen. Die Diktatoren der dreißiger und vierziger Jahre haben das verhindert, so wie das konservative Bürgertum an die Ästhetik der Moderne nicht glauben wollte. Sollte wirklich das Haus eine Maschine sein, wie es Le Corbusier postuliert hatte? Sollten die weißen Kuben der Weißenhofsiedlung in Stuttgart nicht weit mehr eine «artfremde« Berberstadt sein als eine Mustersiedlung der Gegenwart, und sollten die Gerüstkonstruktionen der Technik, wie sie die sowjetischen Architekten der zwanziger Jahre in der Architektur der Moderne eingeführt haben, nicht gänzlich außerhalb der Wohnorte bleiben, während die Mietshäuser für das Proletariat doch besser mit den Pilastern von Versailles verkleidet wurden?

An die Stelle der Moderne traten die Diktatoren-Klassizismen Hitlers, Stalins, Francos und schließlich auch Mussolinis. Die demokratischen Staaten unter Roosevelt und Churchill standen deren Ambitionen kaum nach. Mit dem Pentagon in Washington und dem Ministery of Defence in London statteten sich auch die Demokratien mit einem eiskalten Neo-Klassizismus aus. Die Moderne ging in den Untergrund, wurde aber nicht erledigt, sondern sammelte neue Kräfte. Das Kriegsende brachte zunächst in der westlichen und wenig später auch in der östlichen Welt ihren endgültigen Durchbruch. Jetzt, mit ihrem Sieg auf breiter Linie, setzte in den fünfziger Jahren jener Prozeß ein, der das Neue Bauen zuletzt in einen Bauwirtschaftsfunktionalismus verwandelte. Aus der Poesie des weißen Rechtkants wurde die Wirtschaftlichkeit des Behausungscontainers.

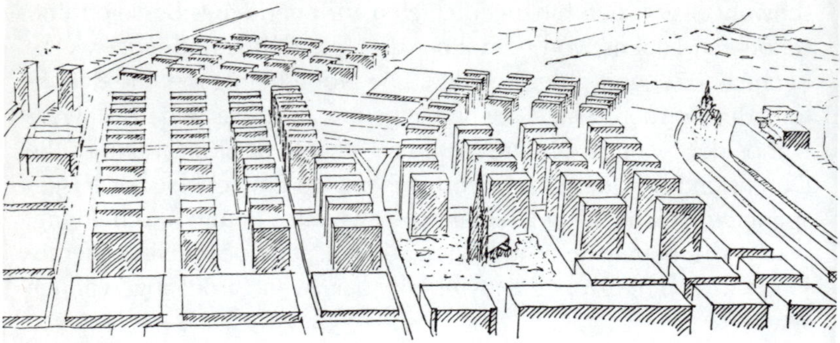

44 Hans Bernhard Reichow, *Stadterweiterung Stockholm*, Entwurf, 1932, Deutsches Architekturmuseum, Frankfurt/M.

45 Hongkong, *Stadterweiterung*, 1960er Jahre

Die Geschichte der Moderne nach dem Zweiten Weltkrieg ist die Geschichte ihrer globalen Verbreitung und schließlich ihrer bauwirtschaftlichen Korrumpierung. Nicht Hitler und Stalin haben die Moderne vernichten können, sondern die «folgerichtige Verwertung» eines Formenpotentials, das sich der ästhetisch purifizierten Gestalt zugunsten des Profits abgewinnen ließ, hat die Moderne entwertet: die «reinen Formen unter dem Licht» wurden zu den Kisten und Kästen aufgestapelten Daseins. Der Zeilenbau wurde zu Städten aus gleichförmig multiplizierten Einheiten.

Bernhard Reichows städtebauliches Ideal führt zu einer Vorstellung von Stockholm, die neben dem Allzweckcontainer nur noch den historischen Kirchenbau übrigließ (Abb. 44). In Hongkong wurde diese Vision zur Wirklichkeit für 1,4 Millionen Stadtbewohner (Abb. 45). In New York wurde Le Corbusiers Wohnblock der ‹Ville contemporaine› (Abb. 46) zum isoliert verfügbaren Neubaublock

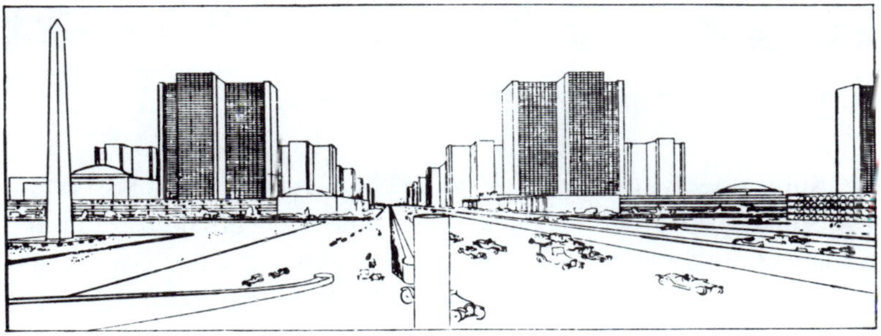

46 Le Corbusier, *Une ville contemporaine*, Entwurf, 1922

(Abb. 47), mit dem sich in beliebiger Zahl die Flächen auffüllen ließen.[79] Erblickt man diese neuen Stadtgebilde der Nachkriegsmoderne, so drängt sich der Eindruck auf, daß in der Spanne zwischen den Bauhauslehren einerseits und deren radikalisierter Nutzanwendung andererseits ein globales Unglück geschehen ist, daß der hoffnungsvolle Satz Hugo Härings aus den zwanziger Jahren – ein Ding, das seinen Zweck vollkommen erfülle, müsse auch schön sein –, eine nicht voraussehbare Konsequenz gehabt hat, die zu einer «Zerstörung der Umwelt durch Architektur» (Rolf Keller) geführt hat.

Von der Architektur der Moderne läßt sich sagen, daß die Aufhebung der autonomen Kunst und ihre Überführung in die Lebenspraxis

47 New York, *Nachkriegswohnungsbau Brooklyn Bridge*, 1949 ff.

die Kunst erledigt und nur noch die Lebenspraxis übriggelassen hat. Die Entgrenzung der Architektur als eine nie gänzlich autonome Kunst hat die Baukunst ausgetrieben und allein utilitäre Zweckerfüllung erlaubt. Seit in der Architektur der Moderne das Schöne zur Funktion des Zweckmäßigen gemacht wurde, war mit dem ersten Schritt für jede Form eine durchsichtig rationale Erklärbarkeit gewonnen; mit dem zweiten Schritt überschwemmte der von aller Rationalität übriggebliebene Zweckrationalismus die Bauform. Die Architektur hat nicht wie die Malerei die Möglichkeit, sich von einer solchen Vereinnahmung durch das Leben zurückzuziehen, sondern sie bringt das volle Opfer ihrer seit eh und je eingeschränkten Autonomie. Die Identifizierung einer ehemals «schönen» Baukunst mit dem Leben bedeutete «utilitas», führte jede Hinneigung zu einer die Zwecke übersteigenden Ästhetik der Architektur ad absurdum, entlarvte vor dem Richtstuhl der Nützlichkeiten jede diesem Dienst sich entwindende Form als Willkür. So erscheint zuletzt der nackte Behälter, die bare Nützlichkeitsform, als «ehrlich», «konsequent» und als «wahr».

Hätte nicht der zu Anfang dieser Ausführungen beschriebene Pluralismus der Selbstbegründungsreferenzen eine solch rigorose Vereindeutigung der Architektur verhindern und ähnlich wie in den anderen Künsten die Perspektive nach allen Richtungen hin öffnen können?

Erinnert sei an die Fülle der unterschiedlichen Richtungen, die aus der neu gewonnenen Freiheit der Avantgarde hervorgegangen sind. Kristall und Organismus, technisches Gerüst und Elementarkörper der Geometrie waren einige der Referenzinstanzen, die zu einer pluralistisch aufgefächerten Szene der Architektur geführt haben und so unterschiedliche Möglichkeiten wie etwa die prismatisch geschliffenen Kristallarchitekturen des Berliner Expressionismus, die quellend gewachsenen organistischen Strukturen eines Hermann Finsterlin oder aber die konstruktivistische Maschinenkunst der sowjetischen Revolutionsarchitektur nebeneinander zugelassen haben. Doch schon im Jahr 1932 stand mit der von Henry-Russell Hitchcock und Philip Johnson im Museum of Modern Art in New York veranstalteten Ausstellung ‹Modern Architecture›[80] fest, daß sich die ehemals so vielgestaltige Szene verengt hatte auf die überzeugungskräftige Vorherrschaft einer Architektur der primären geometrischen Körper, daß also angesichts der rationalen Beweiskraft eines weißen Rechtkants auf Stelzen (Villa Savoye) (Abb. 48) oder eines gläsernen

48 Le Corbusier, *Villa Savoye*, Poissy, 1929

Gebäudeblocks (Bauhaus Dessau, Abb. 5) alle anderen denkbaren Typologien als willkürliche Festlegungen erscheinen mußten. Von zwei Seiten bestätigte sich, was Gropius, Mies van der Rohe und Le Corbusier während der zwanziger Jahre festgelegt hatten: der ästhetische Purismus einerseits und der ökonomische Funktionalismus andererseits erfüllten das Programm eines Neuen Bauens, das fortan alle anderen Selbstbegründungsversuche als abseitig, wenn nicht grotesk erscheinen ließ. Jede expressionistische Gebärde und jede organizistische Wucherung erschien als eben jenes «Ornament», das dem Neuen Bauen ausgetrieben werden sollte. Allein mit dem Konstruktivismus wurden auf einem Nebengleis die bautechnischen Experimente weitergeführt. Ohne vorerst stilbildend zu wirken, wurde der Ingenieurbau zu einer Kette von Demonstrationen technischen Know-hows.

Indessen blieb die Architektur, was sie seit Mies van der Rohe und Le Corbusier geworden war: eine zunächst ästhetisch kultivierte, dann ökonomisch entblößte Direktheit von Elementarkörpern, von Kuben und Blöcken, Kisten und Kästen. Der Pluralismus der Möglichkeiten war bald ein nur noch gedachter. Die zweckrationalistische Rechnung griff immer unnachgiebiger zu und reduzierte die ohnedies reduktionistische Form auf das ökonomisch «tragbare» Minimum. Das Pathos der Neuerung, das während der zwanziger Jahre gesellschaftsverändernd gerichtet war, wurde mit dem gewinnstrebenden Zugriff auf das Neue Bauen zu einem letzten Romantizismus, der ausgetrieben werden mußte. Die Architektur wurde zum Container heruntergekürzt. Mit der völligen Anheimgabe der Architektur an das Leben verlor sie auch die letzten ästhetischen Reserven. Denn «das Leben», – das war «die Wirtschaftlichkeit».

Mit einer geschichtlich kaum vergleichbaren Rigorosität hat die Bauwirtschaft nicht nur die pluralistisch aufgefächerte Szene der Avantgarde einförmig gemacht, sondern überhaupt die Kunst aus der Architektur ausgetrieben und diese in Bautechnik verwandelt. Das war die einzig gelungene Entgrenzung der Kunst in das Leben hinein, die – schließlich gegen den Willen der Avantgarde – zum Status gänzlicher Kunstlosigkeit geführt hat.

Die Geschichte der modernen Architektur ist ein Verengungsprozeß von der neuerungsbewußten pluralistischen Bedeutungsfülle der Anfänge zu einer funktionalistischen Bedeutungsleere der Spätmoderne. Ein Behälter gleich welcher Art hat zuletzt keine andere Bedeutung als die Anzahl der Kubikmeter, die seine Außenwände umfassen. Die Ästhetik der primären Körper, einstmals inhaltsschweres Fanal der Rückkehr zu den Anfängen, der Besinnung auf das Wesentliche, verwandelte sich in den Zynismus, der die ästhetische Einfachheit eines Rechtkants als die Billigkeit seiner Herstellung preist.

Die Bedeutungsentleerung führte von der Austreibung des Ornaments und der Negation der mimetischen symbolischen Bezüge der Architektur über die Austreibung des poetisch-emphatischen Gehalts der weißen Körper der Geometrie bis hin zu der Inhaltslosigkeit einer Architektur, die allein den instrumentellen Charakter des Gebäudes übrigließ. Die Berechenbarkeit der Funktion trieb den letzten Rest Fiktion aus der Architektur aus. Der Architekt, so hatte schon im Jahr 1928 der zweite Direktor des Bauhauses, Hannes Meyer, ausgerufen: «Der Architekt? [...] war Künstler und wird ein Spezialist der Organisation! [...] Bauen ist nur Organisation: soziale, technische, ökonomische, psychische Organisation.» [81]

Die Frage stellte sich mit den beginnenden sechziger Jahren beinahe von selbst, welche Korrekturmöglichkeiten sich boten und wie die Avantgarde unter Beibehaltung der Lehrsätze der Moderne aus dem Dilemma herauskommen wollte, Fortschritt als Selbstbegründung aufrechtzuerhalten und doch eine in einen Vulgärfunktionalismus entglittene Primärkörpergeometrie wieder bedeutungsvoll zu machen. In der Tat ging es um formale Bereicherung, da jede Bindung an eine durch Ornament und Symbol vermittelte Inhaltlichkeit Verrat am Programm der Moderne bedeutet hätte.

Die im Spätwerk Le Corbusiers enthaltenen Möglichkeiten einer Veränderung der Formeigenschaften geometrischer Elementarkörper wurde zum Rezept der mit großen Hoffnungen ins Werk gesetzten Neuerungen, die allesamt darauf hinausliefen, die von Bruno Taut noch gepriesene Leichtigkeit und Grazilität des Neuen Bauens in eine Demonstration von Körperschwere und materieller Solidität zu verwandeln. An die Stelle glatter, gespannter Flächen und einfacher Körper traten rauhe, materialgerechte Fassaden und schwere, plastisch modellierte Gehäuse, mit denen die Moderne in ihre barocke Phase eintrat (Abb. 49). Aus Leicht wurde Schwer, das Einfache wurde kompliziert, gemodelte und gegossene Betonformen wurden zu Gebirgen und Türmungen. Die Architektur hatte aus dem Nichts heraus eine unerwartete Muskelkraft entwickelt: Die Städte füllten sich nun mit den Monumenten des «Brutalismus».

Dem anfänglichen Credo der Avantgarde gehorchend, blieben die Architekten des Brutalismus bestrebt, die Form «aus sich heraus zu finden», also historisch referenzlos eine expressive Aus-sich-heraus-Schöpferkraft zu entwickeln, die aus den «einfachen Formen unter dem Licht» noch immer gegenstandslose, ornament- und symbolfreie Geometrien machte. Jedoch waren sie nicht mehr einfach und elementar. Gebäude verwandelten sich in hochinteressante Formgebilde von skulpturaler Kraft; und eine bisher nicht gekannte Auffälligkeit der Gebärden sicherte dieser Moderne erneute Aufmerksamkeit. Aus der funktionalistischen Monotonie einer instrumentalisierten Behälterarchitektur war – im Namen der Moderne – eine ästhetisch anspruchsvolle Betonbaukunst geworden, deren Opulenz nur allzu deutlich der Spartanik des Funktionalismus widersprach. Damit war das Dogma des Funktionalismus, bei geringstem Input den größtmöglichen Gewinn zu erzielen, im Namen eines Höheren, der Kunst, scheinbar überwunden. Denn dieser ganze brutalistische

49 Paul Rudolph, *Art and Architecture Building*, Yale University, New Haven, Conn., 1958–1962

Aufwand an gemodelter und gegossener Form widerlegte auch die Monotonie der funktionalistischen Minimalarchitektur.

Weil Ornament und Symbol als Träger von Bedeutung und Inhalt nicht zugelassen waren, weil die Architektur ebenso abstrakt zu sein hatte wie alle moderne Kunst, mußte die abstrakte geometrische Form der Architektur formal aufgeladen werden. So blieb der Brutalismus reine Geste.

Der demonstrative Kraft- und Kräftigungsakt führte nicht zu einer verjüngten Moderne, sondern zur Interessantheit: die Moderne wurde interessant. Die «reinen Formen unter dem Licht» hatten sich in ihrer Reinheit in barocke Protuberanzen des eigenbestimmten Formwillens verwandelt. Darüber hinaus konnte sich das Projekt der Moderne als ein stetiger Selbstbegründungsprozeß nicht mehr weiterentwickeln. Das Potential der reinen Formen unter dem Licht war nach allen Richtungen ausgeschöpft.

## Argumente einer Revision der Moderne

*Robert Venturi*

Den schärfsten und zugleich erkennbarsten Bruch mit der Tradition der Avantgarde zeigte das von 1960 bis 1962 von Robert Venturi errichtete Haus für Vanna Venturi in Chestnut Hill, Philadelphia (Abb. 50). Mit keinem anderen Bau des 20. Jahrhunderts wurde seit Gropius' Fagus-Werken (1911) eine derartig rigorose Abkehr von den geltenden Maßstäben vollzogen. Was an Venturis Bau herausforderte, war die Anspielung auf historische Bauformen, die «Unklarheit» der komplexen Formbezüge, der Verzicht auf die eindeutigen Elementarkörper der Geometrie.

Ein in der Tradition amerikanischer Landhäuser in die Breite gezogener Giebel bestimmte die Grundform des Ganzen, durch einen Schnitt in der Mitte geteilt. Ein über die quadratische Eingangsöffnung gesetzter Segmentbogen war eine ebensolche Herausforderung. Giebel und Bogen sowie das Thermenfenster der Rückseite (Abb. 51) waren die deutlichsten Anzeichen dafür, daß Venturi den Grundsatz der Moderne mißachtet hatte: den Selbstbegründungsanspruch gegen alle geschichtliche Tradition durchzusetzen, ja überhaupt erst aus der Gegnerschaft zur Geschichte Selbstbegründung zu ermöglichen. Venturi traf den empfindlichsten Nerv des Avantgarde-

Bewußtseins: er ließ die Formen einer überwundenen historischen Baukunst wieder zu und verbündete sich mit den Mächten des Konservativismus, mit den dekorierten Einfamilienhäusern vor Ort, die dem Kitsch offen huldigten. Was aber die Kritiker daran hindern sollte, Venturis Haus mit all den anderen gleichzusetzen, war die offensichtliche Verfremdung der historischen Elemente und war jener Witz, der es zuletzt doch unterschied von den palladianischen und kolonialen Plüschhäuschen des Populärgeschmacks ringsum.

Venturi hatte die Vorortkultur mit ihren bürgerlichen Vorzeigeemblemen und dem Gemütskitsch insofern ernst genommen, als er im Sinne der Pop Art die Alltagskultur mit allen ihren Trivialitäten zum Ausgang seiner Überlegungen machte. Venturi war Zeitgenosse der amerikanischen Pop-Künstler Lichtenstein, Warhol, Indiana und Oldenburg, deren Arbeiten er später bewundern sollte; zum Zeitpunkt der Planung des Vanna-Venturi-Hauses gab es jedoch die Pop Art nur in ersten Ansätzen. Venturi agierte also parallel zu den jüngsten Ergebnissen der amerikanischen Pop-Malerei und weithin unabhängig, wenn er versuchte, die populären Motive der Trivialbaukunst in die «high culture» der Architektur zu übernehmen.

Denn das war in erster Linie sein Anliegen: den Zeichen und Symbolen einer Architektur Recht widerfahren zu lassen, mit denen ein Durchschnittsamerikaner die Vorstellung des Zuhauses, des «home» verband. Die Alltagsmotive wie Giebelfassade und Bogen waren Teil dieses Bewußtseins, gehörten zum festgeprägten Vorstellungsbild des Heims, waren also nicht historistische Trotzzitate, sondern populäre Metaphern. So wie Roy Lichtenstein mit dem Comic strip ein Motiv der Alltagskultur aufgriff, so zitierte Venturi die symbolischen Gemeinplätze des amerikanischen Heims: den gedehnten Giebel und den Würde signalisierenden Eingangsbogen. Nicht Robert Venturi war Historist, wenn er diese Emblemata bürgerlichen Wohnens zitierte, sondern der Populärgeschmack verband die Vorstellungsinhalte des Zuhauses mit dessen historisch tradierten Formen. Das Geschichtszitat kam also vermittelt durch die Populärkultur in die Architektur zurück und wurde sogleich von Venturi in seinem Geltungsanspruch ironisch gebrochen: Giebel wie Eingangsbogen wurden von oben her aufgeschnitten und materiell «verdünnt». Ein anderes Emblem der populären Architektur wurde zum Ausrufezeichen gemacht: Das demonstrativ neben das verkleinerte

50 Robert Venturi und John Rauch, *Vanna-Venturi-Haus*, Chestnut Hill, Philadelphia, 1962–1964

51 Robert Venturi und John Rauch, *Vanna-Venturi-Haus*, Chestnut Hill, Philadelphia, Rückseite, 1962–1964

52 Roy Lichtenstein, *Apollo-Tempel,* Öl und Magma auf Leinwand, 1964, Sammlung Dr. André-Esselier, Zürich

Quadrat eines WC-Fensters gesetzte Kreuzfenster wurde übertrieben vergrößert, so daß es als ein verfremdetes «Zitat» den Fassadenzusammenhang zu sprengen drohte (auch die Pop-Malerei hat mit dem Verfremdungseffekt der Übergröße gearbeitet).

In gewisser Weise ist Venturis Vorgehen vergleichbar mit Roy Lichtensteins Wiedergabe eines ‹Apollo-Tempels› (1964) als Rasterdruck (Abb. 52). Das Motiv des bürgerlichen Bildungsgutes, umgesetzt in die Vervielfältigungstechnik einer Massenkultur, ist das Thema, nicht etwa das Bekenntnis des Autors zum Klassizismus.

Ebensowenig wie Lichtensteins Drucke wird man Robert Venturis Bauten der frühen sechziger Jahre zu Zeugnissen eines neuen Historismus machen können. Ihr Thema ist nicht die Identität mit der Geschichte, sondern ihr ironisches Verhältnis zu den Trivialformen der bürgerlichen Wohnkultur. Venturis Stellung zu seinem kommentierten Gegenstand ist subversiv und affirmativ zugleich, kritisch und verständigungswillig. Der intellektuelle Argumentationsraum dieser Architektur läßt an parallele Erscheinungen denken, so etwa an Gerhard Richters Malerei der ersten sechziger Jahre. Richter nahm das Amateurfoto zum Ausgangspunkt für seine gemalten Fotobilder, um sich schließlich auch die – freilich amateurhaft durch den Kamerasucher gesehene – schöne Landschaft als Gegenstand zu erlauben. Richter nannte deshalb diese Landschaftsbilder «subversiv reaktionäre Bilder».[82] Zumindest die Doppeldeutigkeit dieser Argumentation, in zweidimensionalen Gemälden womöglich leichter zu erkennen als in der gebauten Architektur, sollte den Arbeiten Robert Venturis zugute gehalten werden.

Es ging um die Wiedergewinnung von *Darstellungsmitteln* in der Architektur, um durch sie *Inhalte* zur Anschauung zu bringen, nachdem dem weißen Rechtkant kein Darstellungspathos mehr abzugewinnen war. Eines der Formregister, das die Architektur wieder zum Sprechen brachte und sie zu einer fiktiven Gestalt werden ließ, war die ironisierend-affirmative Verfremdung der populären Bedeutungsgehalte. Ein anderes war Venturis Forderung nach Komplexität und Widerspruch in der Architektur, wo eben noch die gleichmachende Vereinheitlichung der Gesamtform die Devise der Moderne gewesen war: so ist der bereits genannte Schnitt in den Giebel nicht nur Störfaktor der Fassadenkomposition, sondern gleichzeitig Lichtschacht für die dort seitlich eingebrachten Fenster (Abb. 53). Überhaupt ist der Bau eine einzige Demonstration gegen das friktionslos glatte Miteinander gleichgemachter Formen: das schräg als Pultdach aufsteigende Oberlicht wird von einer völlig anderen Funktion, von einem Kamin, durchstoßen. Wie um die Thesen des Funktionalismus zu widerlegen, steigt im Inneren eine Treppe zum Obergeschoß auf, die zur Hälfte blind gegen die Kaminwand stößt und dennoch auf entspannt beiläufige Weise die Funktion einer Ablage übernehmen kann. Am Ende ist das Haus zu einer inhaltsreichen Darstellung andersartiger Wertsetzungen als jener der Moderne geworden. Das – scheinbar – nicht glatte Funktionieren und das Nicht-Elitäre macht die Progressivität des Vanna-Venturi-Hauses aus. Die banalen Zitate des Einfamilienhauses – Spitzgiebel und Eingangsbogen, anheimelndes Kreuzfenster und trauliches Oberlicht – sind die populären Verständigungssymbole; ihre ironische Verfremdung und ihr utrierter Gebrauch sind die Kennzeichen ihrer die Unmittelbarkeit störenden Intellektualisierung. Die Art und Weise, wie dieses Vokabular angewendet und wie es den einzelnen Funktionen auf komplex widersprüchliche Weise zudiktiert wird, läßt ein semantisch hochaufgeladenes Gebilde entstehen, das insgesamt nicht nur die Erfüllung von Funktionsansprüchen, sondern auch die poetische Darstellung von besonderen Inhalten ist, zum Beispiel die Darstellung von einer zeichenhaften Identität im vorstädtischen Kontext oder von nicht auf einen Formnenner zu bringenden widersprüchlichen Funktionen. Das Haus ist nicht – wie Le Corbusier gesagt hatte – eine Wohnmaschine, also ein dienender technischer Apparat, sondern eine poetische Fiktion.

Dieser Feststellung hält eine rationalistische Kritik die Frage entgegen, wozu eine solche Symbolisierung und fiktionale Überhöhung der Gebrauchsform gut sein solle. Welches Sentiment werde zum Maßstab genommen, wenn nicht die Reinheit der Geometrie gelten solle, sondern wenn das bürgerliche Identitätsbedürfnis nach historisierenden, wenn auch ironisch gebrochenen Zitaten suche? Sollten wir statt dessen nicht das Projekt der Moderne durchhalten und den weißen Quader weiter ertragen, auch wenn er nichtssagend geworden ist? Ist er dann nicht zumindest ehrlich und der Stummheit dieser Gesellschaft angemessen, die nichts mitzuteilen hat?

In der Tat wird man diesem aufs Ganze gehenden Skeptizismus nichts entgegenhalten können. Die immer nur relative Geltung einer subjektiv geprägten Form läßt sich gegenüber der objektiven Geltung geometrischer Elementarkörper nicht rational rechtfertigen. Wie aber sollte dann ein emotionaler Grund als Rechtfertigung dienen, wenn Identitätssuche und individualisierende Symbolisierung vor dem Richterstuhl des Verstandes sich doch nur als emotionale Bedürfnisse enthüllen, als Bedürfnisse gar, die gegenüber den für alle geltenden Gründen die subjektiven Darstellungsabsichten nach

53 Robert Venturi und John Rauch, *Vanna-Venturi-Haus,* Chestnut Hill, Philadelphia, Eingangssituation, 1962–1964

vorne schieben, ja am Ende sogar reine Repräsentationsbedürfnisse sind, die das Besondere einer Form in den Ausweis der Besonderheit des Bauherrn ummünzen?

Diese an Venturis Bau anknüpfenden Überlegungen führen schließlich zur allgemeinen Formenskepsis überhaupt, enden bei einer Sinnenfeindlichkeit gegenüber einer jeden Individuation, die sich vor der Ratio in ihrem Besonderssein niemals erschöpfend erklären kann. Die Kritik endet zuletzt mit der lapidaren Feststellung: warum das Besondere des jeweiligen Kunstwerks, wenn es doch das allgemein Gültige gibt? Warum überhaupt die Kunst als Fiktion, wenn doch das Leben das Instrumentarium der Vernunft vorschreibt?

*Charles Moore*

Zwingender noch führt die rationalistische Analyse der Bauten Charles Moores, des Generationsgenossen Venturis, zu der Frage, weshalb die Architektur den menschlichen Emotionalbedürfnissen gehorchen solle und nicht nur den rational begründeten Funktionen des Nutzens.

Der erste bedeutende Bau Moores, sein Haus in Orinda, Kalifornien, gleichzeitig mit Venturis Haus in den Jahren 1960 bis 1962 entstanden (Abb. 54), weicht nicht allein durch seine als Dach aufgesetzte Schindelhaube von der modernen Primärform ab (während es gleichzeitig die in der Tradition der Moderne ausgebildeten vom Boden bis zum Dach offenen Glaswände zeigt). Auch der für die avantgardistische Funktionsvernunft höchst merkwürdige, ja willkürlich erscheinende Innenausbau macht dieses Haus zu einem Beispiel bedenklich andersartiger, «postmoderner» Absichten. Das quadratische Außengehäuse wird nämlich von zwei kleinen quadratischen Säulenbaldachinen im Inneren differenziert: in das, wie Moore behauptet, «Wohnzimmer» und in die «Dusche» (Abb. 55). Beide «Räumlichkeiten» sind nicht als abgeschlossene Zimmer ausgegrenzt, sondern durch vier freistehende Säulen gekennzeichnet. Diese Säulen tragen jeweils kleine, unter die Dachkante gesetzte Baldachine, die Oberlichter enthalten und dem «Wohnzimmer» wie der «Dusche» eigenes Licht zuführen. Der einfache Kubus des Hauses wird also im Inneren durch die beiden raumausgrenzenden Baldachine, durchaus den unterschiedlichen Funktionen von Bad und Wohnen entsprechend, auch formal bereichert. Warum aber

54 Charles Moore, *Haus des Architekten*, Orinda, Cal., 1960

Baldachine? Moore hat sich auf John Summersons Buch ‹Heavenly Mansions› bezogen und daraus einen bedeutsamen Hinweis aufgegriffen. Von altersher verbindet sich mit dem Vier-Säulen-Raum die tiefgründige Bedeutung, den Mittelpunkt des Universums anzuzeigen. Für den Menschen, der in der Aedicula sitzt und sich wie von einem Ciborium überfangen weiß, konzentriert sich die Welt in dem einen Punkt seiner eigenen Anwesenheit. Und wenn ein anderer hinzukommt, so gewinnt unter diesem Dach das Beisammensein den Ausdruck des Besonderen, ja, des Zeremoniellen. Architektur als Rahmen von Zeremonie, profaner und freundlicher Rituale, ist Moores bewußtes Ziel. Bedeutsamkeit muß erst geschaffen werden im Unterscheidungslosen des unbegrenzten Raumes. Geborgenheit

55 Charles Moore, *Haus des Architekten*, Orinda, Cal., Innenansicht mit zwei Raumbaldachinen, 1960

unter einem solchen Dach entsteht wie von selbst durch Wirkung und Archetypik des Baldachins, der zur Machtüberhöhung geschaffen war und in der privaten Sphäre die unverdächtige Aufgabe übernehmen kann, einen bedeutsamen, versichernden Ort herauszuheben.[83]

Bogen und Baldachine sind Motive eines größeren Ganzen, eines Kunstwerks, dessen fiktionaler Gehalt sich gegenüber der Zweckbestimmung rationalistischer Lebenspraxis ins ästhetisch Autonome zurückzieht. Mit der erneuten Setzung einer Architektur als Fiktion stellt sich die Frage, ob nach dem Erreichen einer Aufgeklärtheit, die das Bauwerk zu einem Ergebnis des rationalen Kalküls gemacht hat, Bau*kunst* noch geglaubt werden kann. Wenn Kunst, wie Thomas Mann sagte, «Erkenntnis werden will», so stellt sich heute die Frage, ob in Erkenntnis verwandelte Kunst erneut Kunst als Fiktion werden kann, ob also eine Architektur, die sich avantgardistisch in gesellschaftliche Praxis (Funktionalismus) verwandelt hat, noch einmal Baukunst sein kann. Lassen die inzwischen gegenüber der Architektur entwickelten rationalistischen Denkformen überhaupt noch zu, daß Architektur anders als nur rationalistisch (zweckrationalistisch) rezipiert und gerechtfertigt werden kann?

Das rationale Element, das Moores Baldachin und Venturis Eingangsbogen kritisch durchdringt und sie gleichzeitig ermöglicht, ist die Ironie.

Die historisierende Wiederaufnahme des Archetypus Baldachin profitiert von einem besonderen Vorgang in der Geschichte der Moderne, nämlich die historischen Bauformen nicht endgültig erledigt, sondern sie vielmehr von besonderen Bedeutungsfestlegungen mehr oder weniger befreit zu haben. Der Baldachin als Herrschaftsform wird von Moore entwürdigt, indem er ihn ironisch zum Dusch-Baldachin macht. Und auch dem Eingangsbogen des Vanna-Venturi-Hauses wurde die materielle Würde genommen, indem er zu einer dünn der Wand aufgelegten, durchschnittenen Leiste schrumpfte – weit mehr Erinnerungszeichen an einen Bogen als ein wirkliches Element.

Die historisierenden Formen dieser Bauten sind gleichsam entmachtet, also von ihrem historisch repräsentativen Bedeutungsballast befreit worden, um ihnen allein noch die allgemeinen Bedeutungen «Eingang» (Bogen), «Sammelort» (Baldachin) übrigzulassen. Die Hoheitsform wird geistreich verharmlost, indem sie respektlos verdoppelt und zu einem Dusch-Baldachin wird. Der augenzwinkernde Witz, die Ironie, nimmt der Hoheitsform die Bedeutungswucht. Der Appell dieser Form geht also nicht allein in die Richtung emotionaler Bestätigung, sondern rationaler Entlarvung. Beide Rezeptionsweisen werden gleichzeitig in Gang gesetzt, so daß eine Spannung des Doppeldeutigen, ein Umschlagen vom einen ins andere, entsteht, das der Form das Gewicht ihrer historischen Bedeutsamkeit nimmt. Der Aneignungsprozeß der historischen Form durch die Gegenwart geht durch die Kanülen der Verfremdung; wir verwahren uns vor dem prallen Andrang des eh und je eindeutig Gemeinten.

Nahezu alle Bauten Venturis und Moores basieren auf einer rationalistisch demonstrierten Doppeldeutigkeit, der ausgespielten Differenz einer ursprünglichen Bedeutung und ihrer ironischen Brechung. Insofern ist es selbst ein Atavismus, wenn Kritiker die historisierenden Formen Moores und Venturis wörtlich nehmen und deren sogenannten Rückfall in die Geschichte, deren angeblich reaktionäre Wiederbelebung von vermeintlich Erledigtem, ihrer aufgeklärten Kritik unterwerfen.

Ironie hat in der Architektur kaum jemals eine Rolle gespielt. Die Strategien Moores und Venturis zielen also darauf, durch ironische Brechung der historisierenden Form auch deshalb eine weitreichende Wirkung zu verschaffen, weil gleichzeitig ein fundamentales Gattungsmerkmal zerbrochen ist: der «Ernst der Architektur». Die Architektur ist deshalb ernst, weil sie weitgehend vom Ernst des Repräsentationsbedürfnisses der Auftraggeber bestimmt ist. Darum hat sie einen unmittelbar kritischen Gehalt in ihrer Geschichte nicht entwickeln können, weil sie, so schien es, grundsätzliche Auftraggeberkunst und damit eine ganz und gar affirmative Gattung ist.[84] Auf der anderen Seite des Gattungsspektrums steht die Karikatur, die sich gänzlich aus ihrer kritischen Aufgabe definiert. Die gewichtlos «fliegenden Blätter», die schnell hingeworfene Skizze stehen konträr zum Gewicht der Architektur. Die Baukunst als diejenige Gattung, die auf Dauer und auf Selbstdarstellung begründet ist, läßt Kritik und Ironie nicht zu, da sie Selbstkritik und Selbstironie des Auftraggebers sein müßte. Diese Eigenschaft der Architektur hat bis in den Anfang des 20. Jahrhunderts, bis zum Anbruch der Moderne, gegolten.

Wenn nun Venturi und Moore wie eine Reihe weiterer Architekten die historisierenden Formen ironisch und damit gegen-affirmativ gebrauchen, so liegt das nicht an einer neuen Großzügigkeit und einer selbstkritischen, antirepräsentativen Aufgeklärtheit der Auftraggeber, sondern an den für das allgemeine Publikum inhaltlich unverbindlicheren, ja sogar bedeutungsentleerten historischen Formen der

56 Thomas Gordon Smith, *Laurentianisches Haus*, Livermore, Cal., 1979

Architektur. Deshalb fällt es dem Architekten leichter, die einst mit speziellen Bedeutungen besetzten Formen großzügiger, ja ironisch zu gebrauchen.

Wenn Thomas Gordon Smith ein Tempelakroter auf eine Garage setzt (Abb. 56), so hat er, was dem allgemeinen Publikum kaum bekannt ist, nicht nur die Angemessenheit verletzt, also eine hierarchisch hochstehende und bedeutungsvolle Form in einen trivialen Gleichklang mit dem Unbedeutenden gebracht, sondern er hat die klassische, geschichtsträchtige Form in einen ironischen Kontrast zur Banalität des Alltäglichen gesetzt, was dem allgemeinen Publikum wohl auffallen wird. Sowohl der spezielle Inhalt der Form (Akroter) wird gegen die utilitäre Banalität der Dachrinne ausgespielt (für den Kenner), als auch ihr historischer Charakter, das Alte gegen das Neue, die Geschichte gegen die Technik (für das allgemeine Publikum).

*SITE und Frank Gehry*

Indessen bedarf es nicht allein der historisch bereitstehenden Formenarsenale, um der Architektur der Gegenwart aus der spätmodernen Stummheit oder aus einer nur interessanten Bedeutungslosigkeit herauszuhelfen. Aus dem Bauwerk nicht nur ein Behältnis der Funktionserfüllung zu machen, sondern es als Medium fiktiver Darstellung ästhetisch bedeutsam werden zu lassen, gelingt auch ohne den Rückgriff auf historische Vorgaben.

Als Beispiel seien die Bauten der Gruppe SITE angeführt, essentiell völlig nichtssagende Großbehälter, Supermärkte der BEST-Kette, die an vielen Orten der USA jeweils ihre individuelle Charakterisierung erfahren sollten. Die Halle als eine Art von modernem Primärkörper – einem glatten Rechtkant – blieb in allen Fällen erhalten. Auf dieser Grundlage einer Vorgabe der Moderne sollten Bauten entstehen, denen der Status eines nichtssagend neutralen Behälters genommen wurde, damit sie dem Käuferpublikum aussagekräftig entgegentreten konnten. Die BEST-Häuser von SITE wurden im wahrsten Sinne «Fassadenbauten», «Schuppen mit Ornamenten daran» (Venturi). SITE nahm zum Beispiel eine Fassade auseinander und ließ die verschiedenen Schichten vom Eingangsportal bis zum Wandloch vor dem Bau im Freien stehen. Oder die Architekten der Gruppe verselbständigten die Fassade, indem sie diese gefährlich schräg in die Luft hängten, so als könne sie augenblicklich auf den ankommenden Kunden herabfallen. Einer der eindrucksvollsten BEST-Märkte (Abb. 57) scheint in seinem vorderen Teil vom Grün, von den heranwachsenden Bäumen gesprengt worden zu sein: Architektur, die gegenüber der Natur nicht zwangsläufig Sieger bleibt (tatsächlich hat SITE die Halle um die bereits vorhandenen Bäume herumgebaut).

Die Fassaden oder auch der ganze Baukörper werden zum Darstellungsmedium eines architektonisch verewigten Dramas. Nicht der funktionalistisch reduzierte Großcontainer wollte dem Auftraggeber genügen; die bildhafte «De-architecturation» (SITE), die Darstellung eines mehr oder weniger dramatischen Architekturgeschehens, etwa der gefährdeten Statik, ist der Stoff dieser Fiktionen.

Ein anderes Beispiel sind die Bauten des Kaliforniers Frank Gehry, dessen eigenes Haus als eines seiner ersten ausgeführten Projekte weithin bekannt geworden ist (Abb. IV). Es gewinnt die fiktive Bedeutsamkeit aus dem Gegensatz von einem Altbau zu einem hinzugefügten Ergänzungsbau, der nicht gelingen will und beinahe auseinanderzufallen scheint. In das Glasdach ist ein über Eck stehender Würfel hineingestürzt; die Treppenstufen vor dem Eingang sind willkürlich übereinandergefallen (Abb. 58): alles ist Improvisation, und das Ganze (dieses Kunstwerks der verborgenen Absichtlichkeit) will und will nicht gelingen. Gehry bezieht den narrativen Stoff seiner Architektur aus der Verhinderung eines harmonischen Ganzen, dem sehr wohl vieles hinzugefügt und manches fortgenommen werden könnte (Leon Battista Alberti), ohne daß dieses nicht zustandegekommene Ganze, diese verhinderte Harmonie und das zusammengewürfelte Unvollkommene je Schaden leiden könnten. Gehry stellt dar, was billige, banale Materialien in einem solchen improvisierten Arrangement bedeuten: angesichts des Perfekten und mechanisch Ausgefeilten das Unvollkommene und Spontane hinüberzuretten. Das Haus ist weit über seine (dennoch gelungene) Funktionalität hinaus ein Poem des ästhetisch Nicht-Perfekten, eine Fiktion des unter größten Schwierigkeiten doch zustandegekommenen Ganzen.

Gehrys Bau wird nicht erst durch einen typologischen oder ornamentalen Bezug zur historischen Baukunst zum Kunstwerk, sondern durch ein dem Material auferlegtes Drama, durch einen dargestellten

57 SITE, *Forest Building*, BEST Products Co., Modell, 1980

Inhalt also, der gänzlich mit den Mitteln und Materialien der Gegenwart zur Anschauung gebracht wird. Gehrys wie SITEs Bauten stehen der Postmoderne nahe, da sie einerseits Inhalte zur Sprache bringen, die sich nicht auf das klassische Maschinengleichnis der Moderne (Dampfer, Motor, konstruktives Gerüst) oder auf den Sinngehalt der Reduktionsgeometrie beschränken, und andererseits das funktionalistische Verstummen der Spätmoderne durch Darstellung von Themen und Inhalten überwinden, also den Bau über die Funktion hinaus in die Sphäre ästhetischer Fiktion erheben.

Gehry ist ebenso wie Venturi darauf bedacht, die Architektur narrativ aufzuladen und zu resemantisieren. Das geschieht mit dem unterschiedlichsten Vokabular; Gehry beruft sich auf die heutigen Form- und Materialeigenschaften. Venturi bezieht die historisierenden, ironisch gebrochenen Formen mit ein. Beide verfolgen auf unterschiedlichen Wegen das gleiche Ziel: die funktionalistisch reduzierte Architektur wieder auf die Ebene einer ästhetischen Erfahrung zu heben, also die ästhetische Distanz zum Leben über das bloße Funktionieren hinaus wiederherzustellen.

Auch die historisierenden Formen eines Moore, Venturi und Smith werden an die Gegenwart herangezogen, also *vergegenwärtigt*; auch

58 Frank Gehry, *Haus des Architekten*, Santa Monica, Cal., 1978–1979

59 James Stirling, *Württembergische Staatsgalerie Stuttgart*, 1977–1984

in sie ist in Gestalt einer ironischen Verfremdung der Geist der Gegenwart eingedrungen. Die Geschichte wird nicht in einem nostalgischen Sinne wiederholt: vielmehr werden die Partikel der Geschichte in einen neuen Zusammenhang gebracht und in ein Ganzes verwandelt, das es historisch nie gegeben hat.

Es verwundert deshalb nicht, wenn die scheinbar konträren Formvokabularien, die wir emphatisch einerseits als progressiv modern und andererseits als reaktionär postmodern dogmatisieren, als freie Form- und Sprachmaterialien gemischt werden, wenn sie die farbigsten Symbiosen miteinander eingehen und neue Bedeutungen annehmen können. James Stirling hat den mit historischen Anspielungen gespickten Bau der Staatsgalerie in Stuttgart gleichzeitig mit High-Tech-Elementen durchsetzt (Abb. 59), die dem historisierenden Ganzen nur allzu deutlich das Bekenntnis zur Gegenwart unterschieben; andererseits hat der prominenteste High-Tech-Architekt der Gegenwart, Richard Rogers, sein Lloyd's Building in London (Abb. 60) mit dem altväterlichen Sonnenradfenster von Paxtons

60 Richard Rogers, *Lloyd's Building, London,* Perspektive, 1979–1980

Kristallpalast gekrönt und dem aktuellen Technikgleichnis einen retrospektiven Abglanz verliehen. Die Praxis weicht den dogmatischen Selbstbegründungsanspruch der modernen Tradition auf und opfert ihn dem alles usurpierenden Pluralismus der Referenzen.[85]

## Historismus als Aneignung

Alle Stile, «modern» und «postmodern», stehen im Dienste des ästhetisch Fiktionalen. Der Gegensatz zwischen Moderne und Postmoderne gibt sich nicht als moderne Folgerichtigkeit hier und postmoderner Pluralismus dort zu erkennen, sondern als Gegensatz von funktionalistischer Entgrenzung in der Moderne und Restitution des fiktionalen Kunstwerks in der Postmoderne. Die Postmoderne bezieht zur Darstellung einer Thematik alle Stile ein und erlaubt nicht länger, Stile als Bekenntnis-Etiketten zu verwenden.

Weil der Angriff der Avantgarde auf das autonome Kunstwerk ins Grundsätzliche zielte und ganz allgemein die Spezifik des Ästhetischen aufs Spiel gesetzt worden war, kann es keine Stilentscheidung sein, das Ästhetische wieder in sein Recht einzusetzen. Das geschieht jenseits der Differenz der Vokabularien. Deshalb auch werden die Stilformen zunehmend austauschbar bis hin zur Vermischung. Der Stilpluralismus ist das eklektizistische Gesamt vieler subjektiver Entscheidungen angesichts einer höheren unausweichlichen Entscheidung zwischen Entgrenzung und Fiktion. Alle nur denkbaren Formvokabularien dienen dem Resemantisierungsprozeß des Kunstwerks. Solange dieser epochale Vorgang der Fiktionalisierung des Werks sich vollzieht und sich in der Vielfalt seiner individuellen Ausprägungen bestätigt, wird auf der Ebene der Stilwahl keine relevante Entscheidung fallen können, da keiner der Stile das Fundamentale dieses Geschehens allein zu symbolisieren vermag.

Die kritische Grenze liegt dort, wo die Annäherung an historische Stilvorlagen zur Deckungsgleichheit zwischen Gegenwart und Geschichte führt und das Heute sich nicht länger vergegenwärtigend bemerkbar machen kann. Die Stilentscheidung schlägt dann elementar durch, wenn der Umgang mit der Geschichte und ihren Stilen zur Geschichtskopie wird und das nostalgische Remake die Glaubwürdigkeit des Fiktiven angreift. So sehr das Fiktive zur Aufrechterhaltung seiner selbst die ästhetische Distanz zum Leben braucht, so sehr benötigt es zum Erhalt seiner Authentizität die Differenz zur Geschichte und deren Stilen (was aber nicht heißen kann: Abstinenz gegenüber Geschichte und Stilen). An dem Punkt also, an dem die Stilentscheidung zur Geschichtsfälschung wird, trifft sie das postmoderne «Trotzdem» an seinem zentralen Nerv: übrig bleiben künstliche Patina und Nostalgie.

Andererseits geht das bloße Gegenwartszeugnis in den Künsten, das realistisch mimetische Bild oder das architektonische High-Tech-Artefakt, jedem Spannungszustand aus dem Weg. Die vielen hyperrealistischen Bilder heute sind zwar fiktional, bleiben jedoch eindimensional vordergründig im Vergleich zu Werken, die unter Einbeziehung der historischen Erfahrung auf die Selbstbegründungsmoral der Gegenwart prallen. So sehr der Realismus mit dem Illusionismus übereingeht und auf direktestem Weg die Bestimmung eines fiktionalen Bildes erfüllt, so unspezifisch reagiert dieser Realismus auf die besondere Konstellation der Gegenwart. Der Selbstbegründungsanspruch wird jenseits aller Entgrenzungstendenzen der Moderne im Bild des bloß Gegenwärtigen aufrechterhalten: Realismus ohne Salz und Pfeffer – nur noch einmal die gleichen «Runzeln und Warzen» im Antlitz eines Porträtierten, von denen schon Albrecht Dürer mit der Freude des Entdeckers sprach.

Das historisierende Image jedoch, sichtbar der Vergangenheit entstammend und dieser doch nicht angehörend, stößt in die empfindlicheren Bereiche unseres selbstbegründend abgeschirmten Nervensystems. Jedes solches vergegenwärtigend angeeignete Geschichtsmotiv ist Kritik einer allein geltenden Gegenwart und setzt das Ehemalige, das Schon-Gelebte, in ein vergleichendes und womöglich herausforderndes Verhältnis zum Tatbestand des Heute.

61 Haus-Rucker-Co, *Provisorium der Macht (Place de la Concorde), Neuenkirchen*, Entwurf, 1976

Die Architekten Haus-Rucker-Co haben für eine deutsche Kleinstadt ein neues Monumentalzentrum entworfen und zur Kennzeichnung des Stadtplatzes zwei historische Formen zitiert: den Obelisken und das Triumphtor (Abb. 61). Doch werden Triumphe heute ebensowenig gefeiert wie an die Ewigkeit appellierende Menhire gesetzt. Das Triumphtor erscheint deshalb als Schemen, als Stahlgerüst, mit flatternden Tüchern behängt. Die Solidität des Geschichtsdenkmals ist in ein ephemeres Wesen verkehrt. Der Obelisk läßt schlapp seine Spitze hängen und demonstriert die Unzuverlässigkeit seines Männlichkeitspotentials.

So wird der Platz von Neuenkirchen eine, wie Haus-Rucker-Co behaupten, «Place de la Concorde», zu einer Versammlung identitätsstiftender Images, ohne daß die historische Machtbehauptung weiterhin eine Rolle spielte. Angezeigt wird die Bedeutung von Platz, Zentrum, Öffentlichkeit – während den mit der traditionellen Muskelkraft des Überragens und des Ernstes aufgeladenen Zeichen die Substanz zu schwinden scheint. Die Ironie ist die Voraussetzung, nicht nur Geschichtliches in die Gegenwart aufzunehmen, sondern Öffentlichkeit durch kommunikative Zeichen wieder anzuzeigen und gleichzeitig dazu aufzufordern, das alles nicht ernst zu nehmen. Eine rationalistisch-funktionale Stadtplanung hat Symbolisierungen dieser Art nicht mehr zugelassen. Hier aber wird der kurzgeschlossene Kreislauf der Zweck-Mittel-Relationen durch «Überflüssiges» bereichert, das Leben durch Bildvergleich und Allegorie fiktional beziehungsvoller gemacht.

Die Gegenwart tritt in ein abständiges Verhältnis zur Geschichte und empfängt durch die Brechung des Originals ihre eigene Spannkraft. Die historisierende Fiktion war der erfolgreichste Angriff auf den Selbstbegründungsanspruch der Moderne. Indem wir sagen, was nicht mehr sein kann wie ehedem, gestehen wir ein, was wir hätten sagen wollen.[86]

Von der Architektengemeinschaft Haus-Rucker-Co stammt auch die ‹Nike›, die als Emblem auf dem Dach der Linzer Kunstakademie die Präsenz der schönen Künste anzeigte (Abb. 62). Nicht allein die ironische Brechung erlaubt die Wiederkehr des Geschichtlichen; die Verfremdung ist das andere Mittel. Die Kontext- und die Materialveränderung machen aus der hellenistischen Marmorstatue etwas Neues, Unbekanntes, das eben noch als Allzu-Bekanntes aus der

Geschichte herbeizitiert worden ist. Die Figur wird in zwei aufklaffende Aluminiumflächen zerlegt; die ehemals plastische Binnenzeichnung wird zur Metallgravur. Ein stabilisierendes Quadratraster hält die ausgespannten Flügel wie auch die gesamte Nike-Figur aufrecht. Die Konstruktion der Versteifung verbindet sich mit der Konstruktion des Krag-Arms, der die Figur schräg in die Luft hält, als habe ein Kran die klassische Gestalt ergriffen. Maschinenkonstruktivismus und hellenistisches Image verbinden sich zu einem Neuen: Gegenwart und Geschichte werden in eins gesetzt, das vertraute Bild der Siegesgöttin darf als Kanonfigur der Künste weiterhin gelten. Doch gleichzeitig ist aus der vollplastischen Marmorstatue eine flache, verfremdete Gestalt geworden, die ihre Aluminiumflügel ausbreitet und – fliegt. So gewinnt das Vergangene als Verfremdetes neue Symbolkraft, weil sich die Gegenwart nicht an der Geschichte entäußert, sondern weil sie sich die Geschichte heranzieht.

### Utopien der Moderne

Die Architektur-Utopisten der jüngsten Vergangenheit, der späten fünfziger und sechziger Jahre, haben sich über die bestehende Stadt hinweggesetzt, griffen weit in eine visionär vorgestellte Zukunft und waren bestimmt von der Vorstellung, mit Hilfe der Technologie die alten Wohnorte vergessen zu machen. Die neuen Architekturwelten waren vom gleichen Aufbruchsoptimismus geprägt wie die astronautischen Weltraumfahrten, die zu neuen Zielen führten. Wo aber die bestehende Stadt in den Blick kam, wurde sie zum Abfallprodukt der Vergangenheit, das man zurückließ. Die Stadtutopien der sechziger Jahre eroberten neue Räume, gingen aufs Meer hinaus (wie Kenzo Tange mit seinem Projekt für die Bucht von Tokio) oder gar unter Wasser, oder sie stiegen in die Luft, nur mit der bestehenden Stadt haben sie sich nicht eingelassen.

Fast alle diese Raumutopien verordneten einfache Rezepte, und ihre Durchschlagskraft lag in der Konzentration auf einen einzelnen typologischen Gedanken, so wie die im Jahr 1970 von Werner Filmer und Robert Jungk konzipierte Fernsehsendung dem Publikum «Terrassenturm und Sonnenhügel» versprach.[87]

Die wohl bekannteste Architekturutopie dieser Jahre war Yona Friedmans ‹Raumstadt›, die aus einem frei über die vorhandenen

62 Haus-Rucker-Co, *Nike von Linz*, Entwurf, 1977, Deutsches Architekturmuseum, Frankfurt/M.

Siedlungen und Städte hinweggespannten Stahlfachwerk bestand, in das die einzelnen Wohnzellen eingeführt werden sollten (Abb. 63). Als besonderen Vorteil bot Friedman an, den Boden freizulassen. Die Welt schrumpfte auf das funktionstüchtige Element eines Metallstabs, aus dem die Zukunftsstadt zu einem gewaltigen, vielzelligen Mero-System zusammengesetzt werden sollte.

Der Maler und Architekt Walter Jonas erfand die Trichterstadt (Abb. 64), die sich aus addierbaren Megastrukturen aufbauen ließ: eine Verbindung von kreisrunden Trichtern, die die Sonne einfangen und den Bewohnern ein überschaubares Zentrum bieten sollten. Auch hier schrumpfte die Welt auf ein Mega-Element, auf eine Art von Patent-Typologie zusammen.

Auffälligerweise wandten die Utopisten ihre Aufmerksamkeit überwiegend den großformigen Tragstrukturen zu, aus denen sich ein gänzlich neues Environment gestalten ließ, während der Sinn für die einzelne Wohnung unterentwickelt blieb und sich am Herkömmlichen orientierte.[88] Die große Geste des Entwerfens, die gänzliche Verwandlung der besiedelten Erdoberfläche, war das Movens der Phantasie.

Wenn aber die Wohnung zum Thema wurde, so nahm sie mit konstanter Regelmäßigkeit immer wieder die gleiche Form an: sie wurde zur Kapsel. Die Menschheit wurde mit manischer Besessenheit in Kleinelementen, in Kapseln untergebracht. In Peter Cooks ‹Plug-in-City› wurde die Wohnung zur mobilen Einsteck-Kapsel (Abb. 65), die man bei Umzügen von Einsteckturm zu Einsteckturm mitnehmen und bei erledigter Infrastruktur einfach wegwerfen und

63 Yona Friedman, *Ville spatiale (Raumstadt)*, Projekt, 1959–1963

64 Walter Jonas, *Intrapolis*, Modell, 1960–1965, Deutsches Architekturmuseum, Frankfurt/M.

neu anschaffen konnte. Doch haben Archigrams Utopien, denen Peter Cooks ‹Plug-in-City› zugehört, einen halb ironischen und freundlich fiktiven Charakter behalten, auch wenn Warren Chalks Kapselturm eine auf Realisierung drängende Direktheit angenommen hatte. Tatsächlich verwirklicht wurde die Kapselarchitektur in Japan, wo man, an geringe Wohnfläche gewöhnt, zumindest als Hotelgast bereit zu sein scheint, sich des Nachts in eine Kapselzelle zu verkriechen (Abb. 66). Kisho Kurokawas technikgläubige Bauten sind Beispiele dafür.

Bei all diesen Versuchen dominierte der Reiz der technoiden Form der biegesteif gewölbten Kapselecken. Das vorfabrizierte Fertigteil der Wohnzelle nahm Charakterzüge der Autokarosserie und des D-Zug-Wagens an. Die Ästhetik der Fortbewegung und der griffigen Handlichkeit taten ein übriges, um das Haus zu einem Raumpaket zu

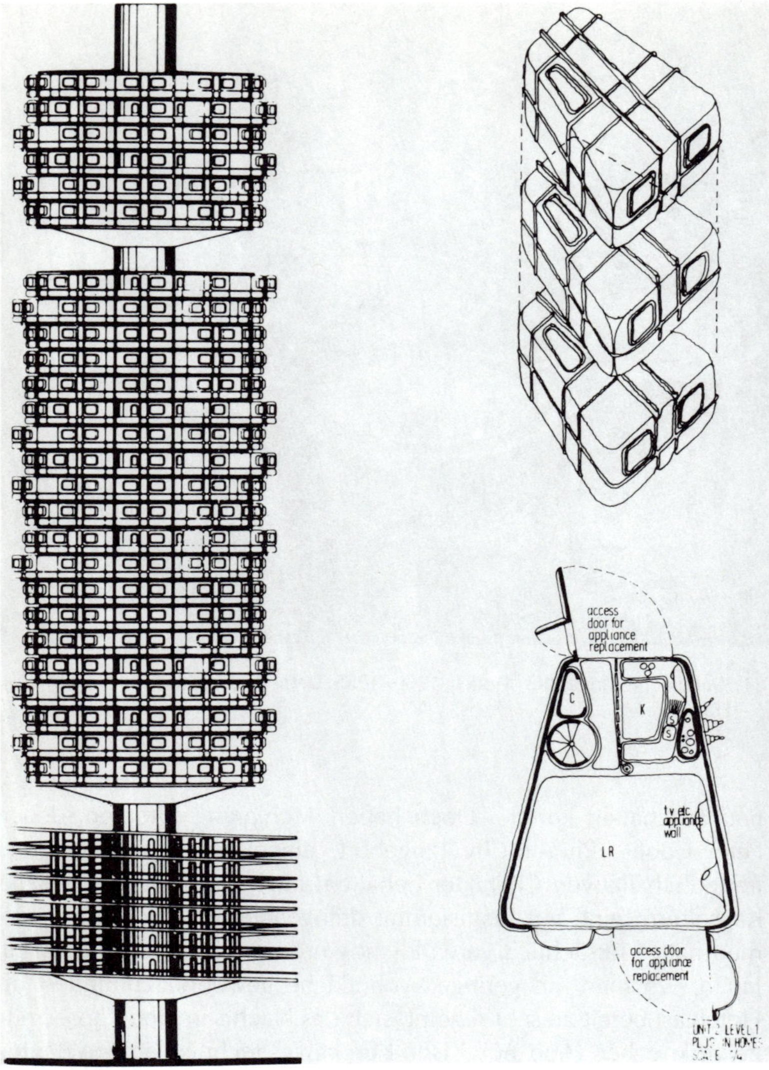


65 Warren Chalk und Peter Cook, *Plug-in Capsule Homes*, Entwurf, 1964

machen, das sich scheinbar mühelos davontragen ließ. Die fertige Zelleneinheit suggerierte Mobilität, so wie sie sich als Element von Kran zu Kran transportieren und in die Tragstrukturen hineinmontieren ließ. Damit war die Massengesellschaft, die dem einzelnen nur noch eine Zelle ließ, architektonisch ästhetisiert und zur selbstverständlichen Voraussetzung künftigen Lebens gemacht. Diese Kapsel-

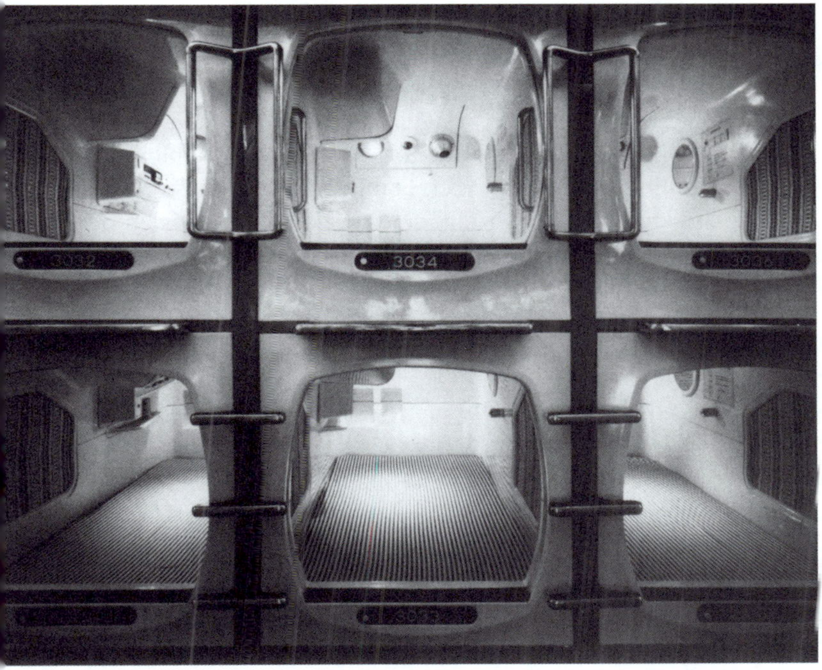


66 Kisho Kurokawa, *Kapselhotel*, Osaka, Japan, 1979

existenz war in den Utopien der sechziger Jahre anscheinend unausweichlich geworden und mit optimistischer Formkraft zur Auflage der Zukunft gemacht worden.

Wie aber konnte es dazu kommen, daß beinahe schlagartig mit dem Anbrechen der siebziger Jahre alle diese hoffnungsvollen Raumutopien zur Makulatur geworden sind? Da brach ein Fortschrittsdenken in sich zusammen, das die Visionen einer anderen, schönen neuen Welt eindimensional technoid formuliert hatte. Alle diese patentierbaren Welterfindungen sind heute als Zeugnisse einer großen Simplifikation jeder Realisierung ferngerückt, auf die sie doch mit solch praktischer Plausibilität hingezielt hatten.

Die Raumutopien der sechziger Jahre folgten dem modernistischen Reduktionsdenken, daß jede Komplexität der Lebenszusammenhänge und der Form auf eine Elementareinheit zurückführt, woraus sich das Behältnis der Gesellschaft konstruieren läßt. So wie wir zweckrationalistisch die Stadt in streng getrennte Funktionsbereiche – Wohnen, Arbeiten, Verkehr, Freizeit und Einkaufen – auseinanderzulegen bestrebt waren und nun die Komplexität des Lebens als artifizielle «Funktionsmischung» zurückverlangen, so reduzierten die Utopie-Funktionalisten die Zukunftsstädte auf den Ausweg aus dem Bestehenden: Die Mega-Stadt, Raumstadt, Trichterstadt usw. wurde zur Ersatz- und Ausweich-Stadt. Das Wunder der technologischen Struktur trat an die Stelle eines sozialen Entwurfs, in dem die Conditio humana hätte mitbedacht werden müssen. Die Kapsel als Aufenthaltsort steht als Metapher für eine unterstellt notwendige

67 Ron Herron, *Walking City*, Entwurf, Projekt, 1964, Deutsches Architekturmuseum, Frankfurt/M.

68 Ettore Sottsass, *Auch eine Utopie*, Lithographie, 1973

Lebensrestriktion, die in der technoiden Großstruktur ihre weltumfassende Ergänzung hat: Astronautik auf Erden.

Mit dem Verschwinden der Raumutopien der späten Moderne kam hie und da Besinnung auf. Was war das für ein Fortschritt, der mit unnachgiebiger Konsequenz ein Kapselleben einforderte, um der Großarchitektur die Alleinherrschaft zu überlassen? Ron Herron, einer der Archigram-Architekten, hatte für den neuen Mythos der Technik-Utopie das Symbol gefunden und die Stadt in ein gefährlich durch die Lande ziehendes Käferwesen verwandelt (Abb. 67), hatte die Wohnzellen zu Körperzellen eines technoiden Untiers werden lassen, dessen Stativfüße sich durch Sandwüsten und Weltmeere vorantasteten und dessen Fernsehaugen insektenhaft in alle Richtungen glotzten. Die Utopie der beweglichen Kapselexistenz hatte die Gestalt einer unteren Tierklasse angenommen. Jetzt wurde begreifbar, daß eine Invasion einer in Marsch gesetzten schönen neuen Welt bevorstand. Das war mit Witz ausgesprochen, als könnten Scherz und Bedrohung sich zum Mythos verbinden.

Der Italiener Ettore Sottsass antwortete auf Ron Herrons Vision (Abb. 68). Er ließ New York und mit ihr Archigrams ‹Walking City› im Sumpf der Ewigkeit versinken: ein letzter Stativfuß reckt sich, ein gebrochener Tentakel geht unter, und übergroß im Vordergrund wird ein Raumfachwerk mit seinen Knotengelenken von Efeu überwuchert und von der Natur heimgeholt.

Sottsass, der humoristische Skeptiker, hat aber auch Positives anzubieten. Er läßt als Ersatz für alle Utopien Autoscooter, die der Form eines Schnullers bedenklich nahe kommen, unter einem weitgespannten Netztragwerk entlangfahren (Abb. 69) oder er empfiehlt eine idyllische Genußwelt (Abb. 70): wimpelbeflaggte Luftkissen,

69 Ettore Sottsass, *Auch eine Utopie*, Lithographie, 1973

70 Ettore Sottsass, *Auch eine Utopie*, Lithographie, 1973

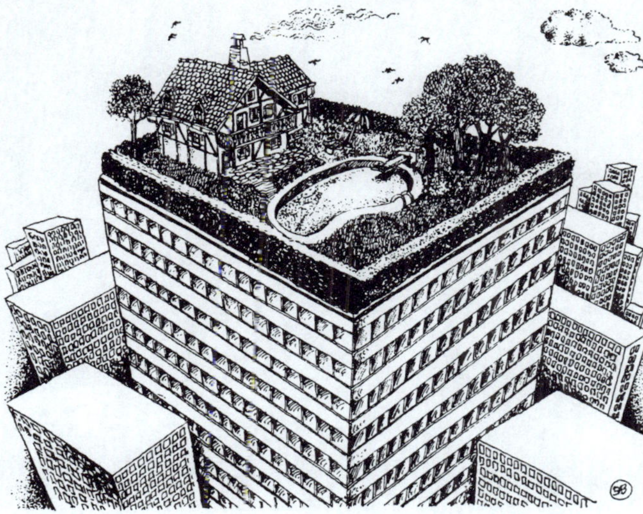

71 Anonym, *Karikatur*, 1960er Jahre

auf denen bonbonfarbene Wochenendhäuschen mit den Namen «Telemann» oder «Mozart» stehen, fahren den Fluß hinab an leichtbewaldeten Hügeln vorbei. ‹Auch eine Utopie› heißt die Lithoserie, mit der Sottsass an das allzu Menschliche erinnert. Sollte diese Ironie nicht ebenso real sein können wie die Zukunftswelten von Friedman, Kikutake und Jonas? Utopie-Defätismus! In diesen Jahren, als die Serie von Sottsass entstand (1973), kamen die Karikaturen auf, die ein Fachwerkhaus auf das Dach eines Wolkenkratzers setzten (Abb. 71). Die Nostalgie griff zunehmend um sich, in deren Namen ein findiger Wirt eine Gipshöhle als Kneipe in den zweiten Stock eines stromlinienförmigen Hochhauses setzte: Mangel- und Surrogat-Ikonographie (Abb. 72). Dies waren Anzeichen dafür, daß das Pendel zurückschlug und daß im Haushalt der Geschichte die wegrationalisierten Emotionen ihren Tribut einzuklagen begannen. Die Berufungsinstanzen wechselten, und die alles versprechende Technikutopie wurde zur verblassenden Tapete eines in die Enge führenden Fortschrittskorridors.

72 La Grand Motte, *Café in einem modernen Hochhaus*, Frankreich, 1974

Die Postmoderne hat die spätmodernen Utopien ad absurdum geführt. Doch können wir von nun an auf alle Utopien verzichten?

## Postmoderne?

Ich habe mich in den vorausgehenden Kapiteln des Begriffs der Postmoderne ohne Umschweife bedient, obwohl ich meine bereits im Jahre 1980 gegen diesen Begriff geäußerten Einwände[89] nicht zurückgenommen habe. Ich verwende den Begriff als reine Bezeichnung, die allgemein eingeführt ist, jedoch nicht – wie viele Philosophen und Soziologen – zur Bezeichnung eines reaktionär rückfälligen Zeitgeistes. Jürgen Habermas' «neue Unübersichtlichkeit» gehört zu diesen, dem Begriff aufgesetzten Diagnosen wie auch der allgemeine Nostalgieverdacht oder das Beliebigkeitssyndrom.

Die später von Charles Jencks so genannte Postmoderne[90] hat ihren Ursprung nicht in der Philosophie oder in einer anderen kulturwissenschaftlichen Disziplin, sondern in den neuen Tendenzen der Architektur, die kritisch gegen den Funktionalismus gesetzt wurden. Obwohl der Begriff zuvor anderswo, etwa in der Literaturkritik, bereits aufgetaucht war, hat er durch Jencks 1977 seine heutige Geltung erhalten.[91] Die neuen Tendenzen der Architektur, die von Jencks als postmodern bezeichnet wurden, hatten sich jedoch schon seit den sechziger Jahren herauskristallisiert. Bezeichnenderweise haben alle jene Architekten, die an der Entwicklung der neuen Tendenzen beteiligt waren – Hans Hollein, Charles Moore, Aldo Rossi, James Stirling, Oswald Mathias Ungers, Robert Venturi u. a. – es immer abgelehnt, sich zu einer Postmoderne zu bekennen. Wie auch hätten sie einer Architektur, die ausdrücklich als nachmodern bezeichnet war, zustimmen können, wenn sie doch bei aller Kritik einer funktionalistischen Moderne dieser selbst wesentlich verpflichtet blieben? So kam es zu der seltsamen Konstellation, daß die Kritiker der Postmoderne vehement jene Architekten angriffen, die mitten im Prozeß einer Revision der Moderne alles daransetzten, nicht postmodern zu sein.

Wohl haben die Architekten einer Moderne widersprochen, die sich im Gewande eines Vulgärfunktionalismus selbst verraten hatte: doch haben sie sich weiter bekannt zu eben dieser Moderne, die von Entstellungen des Funktionalismus befreit werden mußte. Wenn auch die einsetzende Kritik am Bauwirtschaftsfunktionalismus unterschiedliche Stoßrichtungen entwickelte und wenn auch die Zulassung historischer Stilbeispiele das Feld dieser Architekten auseinandertrieb, so haben doch nur die exzentrischeren Randfiguren die Tradition der Moderne geleugnet und einer buchstäblichen Nach-Moderne das Wort geredet.

Die «Revision der Moderne» enthielt hingegen die Absicht, die Moderne wieder freizuschälen von ihren Entstellungen und sie von einem Status zu lösen, der sie im Namen der funktionalistischen Entgrenzung der ästhetischen Fiktion entfremdet hatte. Das «Ende der Moderne»[92] fand nicht statt; aber beendigt wurde ein hypertroph wuchernder Programmaspekt der Moderne, ihr Entgrenzungsfuror.

Die Postmoderne war, wie sich gezeigt hat, keine Nach-Moderne, sondern «Revision der Moderne». Aus der Postmoderne geht hervor, was sie im Kern schon war – eine Zweite Moderne.

*«And for the second time I call for modernity.»*
Jochen Gerz, Titel einer Fotoarbeit

# 3. TEIL
# ZWEITE MODERNE

## Neue Abstraktion

Die Postmoderne als Antwort auf das Ende der Avantgarde und auf den Funktionalismus war nicht das Ende der Moderne. Die Fiktionalität der Postmoderne hat nicht zum Ende, sondern zur «Revision der Moderne» geführt. Die «Revision der Moderne» hat die Abstraktion, die Quintessenz der Kunst des 20. Jahrhunderts, nicht erledigt, sondern revidiert. Während mit der Entstehung der postmodernen Architektur der Rückgriff auf historische Vorgaben den Wiedergewinn einer darstellenden Fiktionalität unterstützt und in der Malerei die neue Figuration zur Erzählung zurückgeführt hat, so sind es nun die selbstbegründeten Vokabularien, welche die Kunst und Architektur der Gegenwart wieder mit der Wurzel der Moderne verbinden. «Neue Abstraktion» und «Dekonstruktion» sind die ästhetischen Ausdrucksweisen am Anfang einer Zweiten Moderne.

Durch die Postmoderne hindurch gelangt die Kunst der Gegenwart zu einem neuen Standpunkt jenseits der Programmkonflikte der Vergangenheit. Dekonstruktion und Neue Abstraktion haben die fiktionale Distanz zum Leben – wie die Postmoderne – behalten. Auf die Grundlagen der Moderne zurückweisend und gleichzeitig die historischen und neo-figuralen Hilfskonstruktionen der Postmoderne überwindend, erlangt die Zweite Moderne den unerwarteten Impetus einer neuen Abstraktion. Die Zweite Moderne ist das Resultat einer Bewegung, die am Anfang des Jahrhunderts als Avantgarde die Grundlagen der Moderne schuf, der die Entfaltung in den dreißiger Jahren verboten wurde, dann als Nachkriegsmoderne weitergeführt wurde, sich als Weltmoderne etablierte, ihren Fortschrittscharakter verlor, als eine «Revision der Moderne» (Postmoderne) die ästhetische Fiktionalität zurückgewann und diese erneut als Zweite Moderne in die Selbstbegründung überführt.

Doch eine Avantgarde wie zu Anfang dieses Jahrhunderts gibt es heute nicht. Die neuen Resultate der Zweiten Moderne ergeben sich beinahe unbemerkt. Kein Paukenschlag, kein dramatischer Aufbruch! Es scheint, als sei es allein Sache der Kunst, sich auf die Essenz der Moderne zu besinnen. Wir verkünden kein neues Dogma. Die Kunst der Gegenwart hat keinen «Stil»; sie treibt keinen Stoßkeil vorwärts und sie erzählt nicht nur *eine* Geschichte.

Die Malerei hat mannigfaltige Gesichter. Auf der einen Seite breitet sich die Landschaft gegenständlicher Fiktionen aus, die bis zu den süßlichen Szenen des Kitsches reichen: «Kitsch als Kunst!» ist das Schlagwort: Jeff Koons, Kenny Scharf, Milan Kunc sind ihre Propheten. Auf der anderen Seite schält sich die Szene neuer Rauminstallationen und Environments heraus, Ilja Kawakov ist der bekannteste Vertreter. Jede Art von Figuration, die realistische wie die symbolistische, beansprucht Geltung. Auch die Skulptur zeigt figurative Tendenzen, vor allem bei den deutschen Künstlern Baselitz und Lüpertz. Stephan Balkenhol und Thomas Schütte sind die Leitfiguren dieses Hangs zur geistreichen Gegenständlichkeit.

Was aber der pluralistischen Szene unerwartete Akzente aufsetzt, ist die Neue Abstraktion. Sie ist nicht mehr Argument in einem geschlossenen Diskurs der Avantgarde, sondern sie ist Bestand eines ausschöpfbaren Potentials, eines umfassenden Fundus der Modi. Diese sind nicht länger eingebunden in die Entweder-oder-Konsequenz von Fortschritt und Beharren, sondern sie sind frei geworden von einer ständigen Beweislast. Aus der postmodernen Szene farbiger Stilvielfalt schält sich die Tendenz zu einer unprogrammatisch freien Abstraktion heraus, die nicht mehr dazu aufgerufen ist, avantgardistisch an das Ende des Bildes zu gelangen oder am Rande der Fiktionalität weiterzumalen. Vielmehr erlaubt sie aufs neue die Ästhetik der Komposition mit schwerelosem Gestus und mit befreitem Pinselstrich auf großformatiger Leinwand.

Von dieser Befreiung profitieren viele Maler, die bisher von der Gegenständlichkeit ausgingen. Georg Baselitz gibt dabei das klassische Beispiel ab. Alle Phasen seiner Entwicklung hindurch hat er sich an Restpartikel des Mimetischen gehalten. Nun riskiert er die freie Abstraktion, wie die neueren Bilder belegen. Albert Oehlen, ehemals einer der Neuen Wilden, ist bei seinem Gegenpol angelangt, indem er die Spuren der Gegenständlichkeit förmlich zermalt und – Spelzen des Mimetischen zurücklassend – seine Bilder in Zelebrationen des Abstraktwerdens verwandelt. Ähnlich verhalten sich viele Amerikaner der alten Postmoderne, Julian Schnabel allen voran.

Auf der documenta 9 wird man bemerkt haben, daß die Abstraktion ihre große Wiederkehr gefeiert hat: Ellsworth Kelly, Gerhard Richter, Helmut Dorner, Per Kirkeby, Brice Marden, Günther Förg, Juan Uslé, Meuser, Ingeborg Lüscher, Eugène Leroi, Jonathan Lasker, Kurt Kocherscheidt, Ernst Caramelle, Pier Paolo Calzolari, Michael

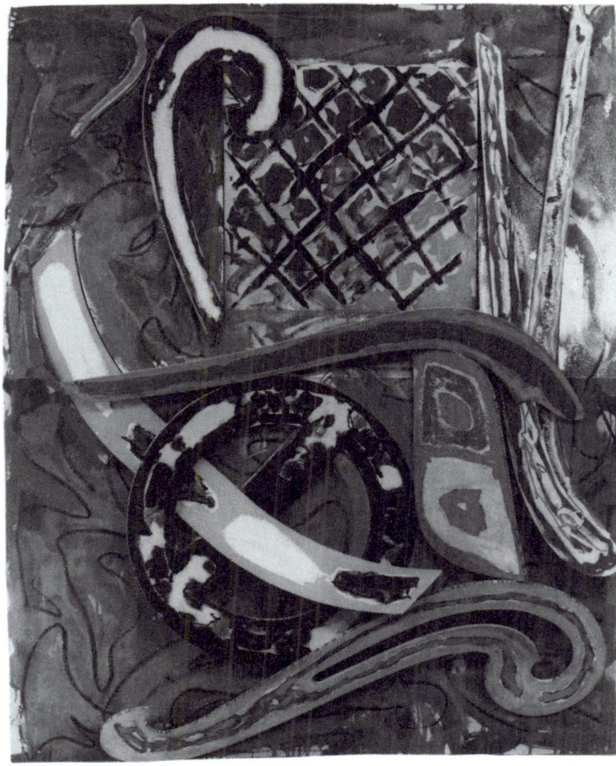

73 Frank Stella, *Brazilian merganser*, Lack und Ölkreide auf Metallrelief, 1977–1980, Slg. Lawrence Rubin, New York

Buthe u. a. Sofern die documenta auch Zeugnis ablegen soll von der Aktualität gegenwärtiger Entwicklungen, so war es die Aktualität der Neuen Abstraktion, die hier dokumentiert wurde.

Die Neue Abstraktion bleibt ohne programmatisch explikativen Bezug zum Diskurs der historischen Moderne. Die abstrakte Komposition bildet jenen Grundbestand der Moderne, der den Wandel der Stile überstanden hat und wie ein Magnet von vielerlei Positionen her das künstlerische Bekenntnis immer wieder auf sich zieht. Die Abstraktion gilt unabhängig von der aktuellen Programmatik. Sie ist das historische Sediment der Moderne, das als «Fundus der Geschichte» immer wieder zur Verfügung steht. Was jetzt bleibt vom «Projekt der Moderne», ist eine Kunst jenseits des fortschreitenden

Diskurses der Moderne, ist ein «Nicht-zur-Kenntnis-Nehmen» seiner «Endergebnisse».

Nolands ‹Targets›, Stellas und Kellys ‹Shaped canvas› als die prominentesten Formulierungen des «ästhetischen Dings» spielen wohl noch eine ästhetische, jedoch keine programmatische Rolle mehr. Stella selbst ist zu großangelegten Kompositionen zurückgekehrt. Es sind dreidimensionale Reliefbilder (Abb. 73), deren gegenstandslose Figurationen in den Raum ausgreifen und eine multimediale Stellung zwischen Plastik und Malerei beanspruchen. Hervorstechendes Kennzeichen einer Subjektivierung sind die auf die geometrischen Formstücke aufgemalten Pinsel- und Kreidestrukturen. Das «Malerische» als Selbstausdruck, die Spontaneität des Farbauftrags kontrastieren auffällig mit dem eben noch behaupteten Als-ob kalt-mechanischer Herstellung.

Die Rückkehr zum abstrakten Bild als malerische Veranstaltung ist die überall zu beobachtende Tendenz. Die Neubewertung Emilio Vedovas und Willem de Koonings als die großen Repräsentanten des Abstrakten Expressionismus ist eine der Folgen.

Der «Hunger nach Bildern», von dem Wolfgang Max Faust sprach, ist nicht allein ein Hunger nach Images, sondern nach dem «Gemalten», nach dem Duktus des von Menschen gemachten, die subjektive Handschrift offenlegenden Bild. Dieses Malen aber heißt erneut «Komponieren», heißt hinter das «all over» eines Pollock, heißt hinter das Sofort-Image und hinter die ‹Shaped canvas› als die riskantesten Außenpositionen zurückzugehen, um mit inspiratorischer Direktheit die malerische Pinselstruktur in eine Komposition der Balance und der Auswägung oder der Balancestörung und der Sprengung des Ganzen zurückzuführen.

Gerhard Richters abstrakte Bilder (Abb. I) sind große Gebärden der wiedergewonnenen Sinnlichkeit und der freigewordenen Farbe, sind Befreiung von den kunsttheoretischen Strategien zur Erhaltung des Bildes an der äußersten Grenze der Kunst. Das abstrakte Bild im Gefolge Kandinskys feiert eine festliche Wiederkehr. Richters Bilder sind der Inbegriff einer reinen Ästhetik des abstrakten Bildes, das dem Leben gegenüber auf Distanz bleibt und sich selbst genügt. Das Entgrenzungspathos ist der großen Form gewichen. Damit ist der bedeutsame Schritt getan, die Moderne von jeglicher Rechtfertigungsprogrammatik zu befreien und auf jene, die gedankliche Explikation

V Sean Scully, *Ohne Titel*, Öl auf Leinwand, 1987, Privatbesitz

◁ VI Günther Förg, *Ohne Titel*, Bleibild, 1990, Zentrum für Kunst und Medientechnologie, Karlsruhe

VII Helmut Federle, *Ohne Titel*, Dispersion auf Leinwand, 1990, Zentrum für Kunst und Medientechnologie, Karlsruhe

VIII Jeffrey Shaw, *The Legible City*, Interaktive Installation, 1989, Medienmuseum, Zentrum für Kunst und Medientechnologie, Karlsruhe

illustrierende Rolle des Kunstwerks zu verzichten. Richters Bilder müssen nicht mehr in einem Theoriezusammenhang erklärt werden; und sie erklären diesen auch nicht. Sie nehmen nicht eine «Position» in einem fortlaufenden ästhetischen Diskurs ein, sondern sie sind *selbstverständlich.* Indem die Zweite Moderne die Selbstverständlichkeit der Kunst beansprucht, gewinnt sie die neue Freiheit des Schönen. Das Bild ist von einer dem Diskurs verpflichteten «Erklärungsbedürftigkeit» frei geworden. Nach dem langen Anlauf fast eines Jahrhunderts ist die abstrakte Komposition zum Inbegriff der Malerei geworden.

Damit verändert sich auch unsere Erwartung von der Geltung der Moderne und von ihrer historischen Entfaltung. Wenn noch Peter Bürger die ästhetische Situation der Gegenwart als eine Situation der unschöpferischen Wiederholung disqualifizierte und der Kunst von heute entgegenhielt, daß sie nur wiederkäue, was die Avantgarde bereits vorgegeben habe,[93] so sind wir hingegen Zeugen eines Prozesses, der die Moderne aus dem Ablaufschema von Innovation und Repetition heraushebt. Die Vorstellung einer Epochenfolge, die geradlinig das eindimensionale Nacheinander von Entwicklungspositionen aufzählt und nur die Ablösung des Alten durch das fortschreitende Neue kennt, wird von einem anderen Geschichtsmodell ersetzt, das die epochenübergreifenden Grundmotive von den darunter ablaufenden Stilwechseln unterscheidet.

Wenn zwar die unterschiedlichen Stile der Renaissance, des Manierismus und des Barock starke Veränderungen mit sich brachten, so sind jedoch die mit der Frührenaissance bereitgestellten Grundlagen (Antikenstudium, Kontrapost, Perspektive usw.) über die Stilwechsel hinweg beibehalten worden. Das Antikenstudium der Frührenaissance blieb die Grundlage des Manierismus, des Barock und Rokoko. Während das stilistische Vokabular der Formen sich verändert, werden die Grundlagen sogenannter «neuzeitlicher» Ästhetik über die Epochen hinweg weitervermittelt.

Die Moderne verspricht auf ähnliche Weise nach dem sogenannten Ende der Neuzeit zu einer neuen, epochenübergreifenden Grundlage der «kommenden Stile» zu werden. In der Malerei ist die Abstraktion das Fundament; sie gibt sich am Ende des Jahrhunderts als eine Sprache zu erkennen, die nicht länger dem Wechsel von innovativen und repetitiven Geschichtsphasen unterliegt.

## Gemalte Geometrie

Anders als die Avantgarde, die zuletzt in einer gerechneten Geometrie endete und jenseits jeder Eigenart des Malers einen höchsten Grad an Objektivität erreichen wollte, zelebriert die Neue Abstraktion den subjektiven Gestus. Es interessiert nicht mehr die schlüssige Kalkulation eines Max Bill, der in der äußersten Entfernung vom Ich, in der vehementen Vernichtung des «Selbstausdrucks» die unangreifbar objektive Lösung des ästhetischen Ergebnisses zu finden hoffte. Bills Bilder wirken «wie gedruckt». Die geometrischen Figuren erscheinen errechnet, nicht «gemalt».

Mit Max Bills Arbeiten sind auch die Werke von Malern wie Richard Paul Lohse, Victor Vasarely und anderen an den Rand gerückt; denn der alte Zauber geometrischer Vexierbilder und serieller Abläufe, Demonstrationen rationalistischer Formfindung, hat seine Wirkung verloren.

Zweite Moderne heißt eben nicht, daß alle die dogmatischen Modernisten, die vor der Postmoderne untertauchten, nun rechthaberisch wieder auftauchen. Die Moderne ist durch die Postmoderne hindurchgegangen und hat von dieser einen ästhetischen Erfahrungsgewinn, die Fiktionalisierung der Künste, mitgenommen. Die Neue Abstraktion ist keine Rechenkästchenmoderne, sie ist keine Rückkehr zu dem, was vorher war.

### *Sean Scully*

Scullys abstrakte Bilder sind geometrische *Kompositionen.* Sie sind freihändig gemalt, nicht gerechnet (Abb. V). Jeder der farbigen Balken, aus denen sich die Komposition zusammensetzt, ist als malerische Gebärde auf die Leinwand aufgetragen. Die Unschärfen der leicht schwankenden Linien und die Pentimenti zeugen von einem freien Farbauftrag; eine scharfe Flächentrennung mit exakter Linienführung ist nicht gewollt. Auch die Maße und Proportionen sind nicht mit dem Lineal gemessen. Die Flächen sind durch spontan freie Entscheidungen im Vollzug des Malens zustandegekommen. Es scheint, als habe sich eine Geometrie ergeben, nicht aber, als sei sie vorgegeben gewesen.

Scully betont die von subjektiven Entscheidungen bestimmte Geometrie durch Bild-im-Bild-Effekte. Inmitten einer relativ homogenen

Komposition hat eine zweite oder auch dritte Komposition ihren Platz gefunden – als trage die Fläche der Leinwand einen gemalten Flicken. Diese einbeschriebenen «verkleinerten» Kompositionen bewirken einen Maßstabssprung. Die ungestörte Homogenität des Ganzen wird durch die Einsprengsel in Frage gestellt. Ein irrationales Element kommt in die Geometrie hinein, die Bildwelt gehorcht zwei unterschiedlichen Maßstäben. Ein Bild: zwei Bilder! Die Einheit des Bildes ist in zwei Kompositionen zerfallen und beide ergeben ein Drittes. Das Bild als eine geometrische Komposition in zwei Teilen macht die Tatsache des freien geometrischen Komponierens handgreiflich bewußt: Dies ist die Story – die Fiktion.

*Günther Förg*

Die Arbeiten Förgs sind bewußte Befreiungsakte von der Geometrie, die dennoch Voraussetzung seiner Bilder bleibt (Abb. 74). Sieht man die strengen Senkrechtbahnen, die seine Bilder teilen, so möchte man glauben, er habe «Monumente» des Konstruktivismus hervorbringen wollen. Doch sind die Flächen – Balken und Sektoren – vom Duktus der Handschrift gelockert. Es ergibt sich gleichsam eine zweite Ebene unter der Geometrie der Balken, die irrational und scheinbar unkontrolliert gegen das geometrisch Gebändigte für eine liberalere Ordnung sorgt. Die subjektive Handschrift schlägt durch und vertieft die Komposition, die oberflächlich nur aus streng abgemessenen Flächen besteht. Vorbedingung für die Darstellung solcher Spannungsverhältnisse zwischen Geometrie und Duktus ist das große Bildformat, das für den frei ausholenden Pinselstrich Raum läßt und dessen schlierige Struktur hervortreten läßt. Förgs Bilder sind, trotz kalkulierter und gemessener Proportionierung, niemals zu kleinlichen Rechenexempeln erstarrt. Stärker noch kommt dieser Charakter in den Bleibildern zum Vorschein (Abb. VI), die sich aus den vorgefundenen Fleckungen der Bleifläche und den pastos aufgetragenen Farbflächen und Farbbalken aufbauen.

Die Geometrie wird monumental; es entsteht eine dem Konstruktivismus fremde Größe, die pedantisch gezogene Schranken überspringt. Was wir zu kennen glaubten, die geometrischen Spiele der späten Moderne, ist hier in eine andere Dimension entrückt. Dies ist die Fiktion.

74 Günther Förg, *Ohne Titel*, Acryl auf Holz, 1991, Privatbesitz

*Helmut Federle*

Auf den ersten Blick scheinen Federles Bilder klassisch geometrische Exerzitien: ein Kreis, ein nach links offenes Quadrat (Abb. VII). Ein zweiter Blick verändert die Wahrnehmung von Grund auf. Die beiden Formen in Schwarz auf schlierig ockergrünem Grund treten in ein Spannungsverhältnis zueinander. Kreis und offenes Quadrat verharren nicht in einem gleichgültig-geometrischen Nebeneinander, sondern affizieren sich gegenseitig. Sie übersteigen ihre unmittelbare Bedeutung und rufen Assoziationen hervor, die einen tieferen Sinngehalt erwarten lassen. Doch wird diese Ahnung eines bestimmten Inhalts nicht genau eingelöst. Wir glauben archaische Zeichen zu erkennen, die von zwei Gegenwelten zeugen und die – auseinanderstrebend – doch aufeinander bezogen sind. Die Geometrie wird zu etwas anderem – wird Zeichen ahnbarer und doch verschlossener Sinngehalte.

Das Bild ist keine konstruktivistische Komposition, sondern eine Darstellung von etwas, das wir noch nicht kennen: Es ist eine Fiktion.

## Dekonstruktivismus

In der Architektur führen die seit etwa 1978 bemerkbaren Entwicklungen aus der historistischen Postmoderne heraus. Die Leitfiguren dieser neuerlich mit dem Namen «Dekonstruktivismus» belegten Richtung der heutigen Architektur sind der Niederländer Rem Koolhaas, der Amerikaner Frank Gehry, die österreichische Architektengruppe Coop Himmelblau und das deutsche Büro Günther Behnisch. Auch Daniel Libeskind hat mit seinen Holzschnittfolgen der Jahre 1980 auf eine «Splitterästhetik»[94] hingearbeitet; Peter Wilson und Peter Eisenman sind als Mitinitiatoren der neuen Tendenzen ebenfalls zu nennen.

Dem Dekonstruktivismus im Bereich der Architektur entspricht die Neue Abstraktion in der Malerei. Unter Berufung auf die «selbstbegründete» ahistorische Sprache der Moderne, also unter Verwendung eines geschichtsfreien Vokabulars, wendet sich die neue Richtung des Bauens von einem zweckrationalistischen Funktionalismus ab. Ähnlich wie die historisierende Postmoderne versucht der Dekonstruktivismus eine darstellende Architektur und damit den fiktionalen Charakter des Kunstwerks zurückzugewinnen. Dies geschieht

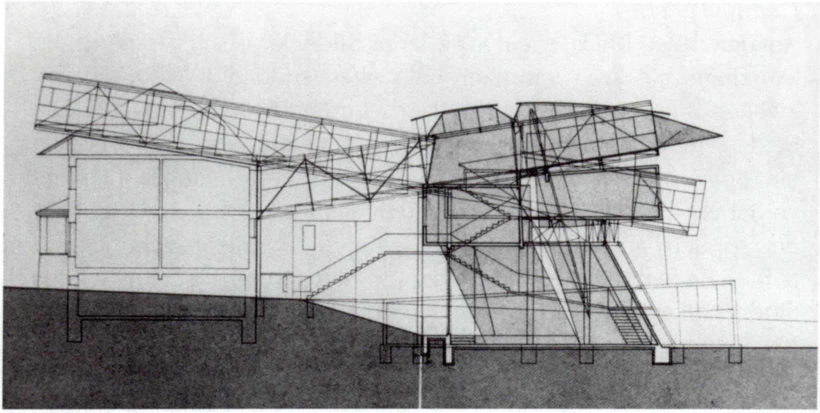

75 Coop Himmelblau, *Merz-Schule, Stuttgart*, Entwurf, 1981

auf dem Weg der Zerschlagung und Zersplitterung der geschlossenen Form.

Der Dekonstruktivismus ist trotz eines ahistorisch selbstbegründeten – modernen – Vokabulars aufgefüllt mit semantischen Verweisen. Dekonstruktion bedeutet nicht Inhaltsverzicht, sondern bedeutet semantische Anspielung mit Hilfe eines «abstrakten» Vokabulars. Die Fiktionalität ist in die Abstraktion aufgenommen, nicht aber durch diese ausgetrieben worden.

Das Thema dieser Architektur ist die Gefährdung des Ganzen, das schwierige Zustandekommen einer problematischen Einheit (Abb. 75). Die glatten Container des Funktionalismus oder die muskulösen Betongebirge des Brutalismus geben die unmittelbaren Gegenbilder ab. Was hier geschlossene Form und problemlose Ganzheit war, wird nun durch den Dekonstruktivismus in Frage gestellt.

Der Aufstand gegen glatte Perfektion und widerstandslose Stimmigkeit ist mitten im Gange. Was vor Jahrzehnten schon im Büro Behnisch als «ruppiges Aufeinandertreffen» von unpassenden Teilen apostrophiert wurde, ist nun zu einer umfassenden Ästhetik gemacht worden. Auch Peter Eisenman hat für seine Bauten einen programmatischen Zusammenhang im Dekonstruktivismus gefunden: Hinderlichkeiten und Brüche, seit eh und je Eisenmans Thema, werden nun zu einem dekonstruktivistischen «Dazwischen». Zaha Hadid, aus dem Büro von Rem Koolhaas (OMA) hervorgegangen, hat die «Splitterästhetik» zu ihrem vorläufigen Höhepunkt geführt und die Zerstörung der Ganzheit soweit getrieben, daß kaum noch ein Bau zustandekommen kann (Abb. 76). Ihre hochästhetisierten Entwürfe gewinnen jedoch sehr schnell Realität, sobald die Architektin vor eine konkrete Situation gestellt wird.

Der Dekonstruktivismus hat rasch Anhänger gefunden, weil er der Architektur darstellende Qualitäten zuweist, die bisher bewußt vermieden werden sollten: eine fragwürdige Standfestigkeit, eine zersplitterte Konsistenz, eine zersprungene Ganzheit. Die dekonstruktivistische Architektur überwindet zuletzt alle diese Gefahren und zelebriert trotz der gefährlichen Gegenkräfte das endliche Zustandekommen eines Gebauten: das fragwürdige und schwierige Ganze. Dies ist der darstellende Gehalt dieser Architektur, die Fiktion. Die Ausdruckskraft dieser konstruktivistischen Bauten ist so stark und bildhaft, daß sie der Autor dieser Ausführungen der Postmoderne zugerechnet hat.[95] Sofern man bereit ist, nicht den historisierenden

76 Zaha M. Hadid, *The Peak, Hongkong*, Entwurf, 1982–1983

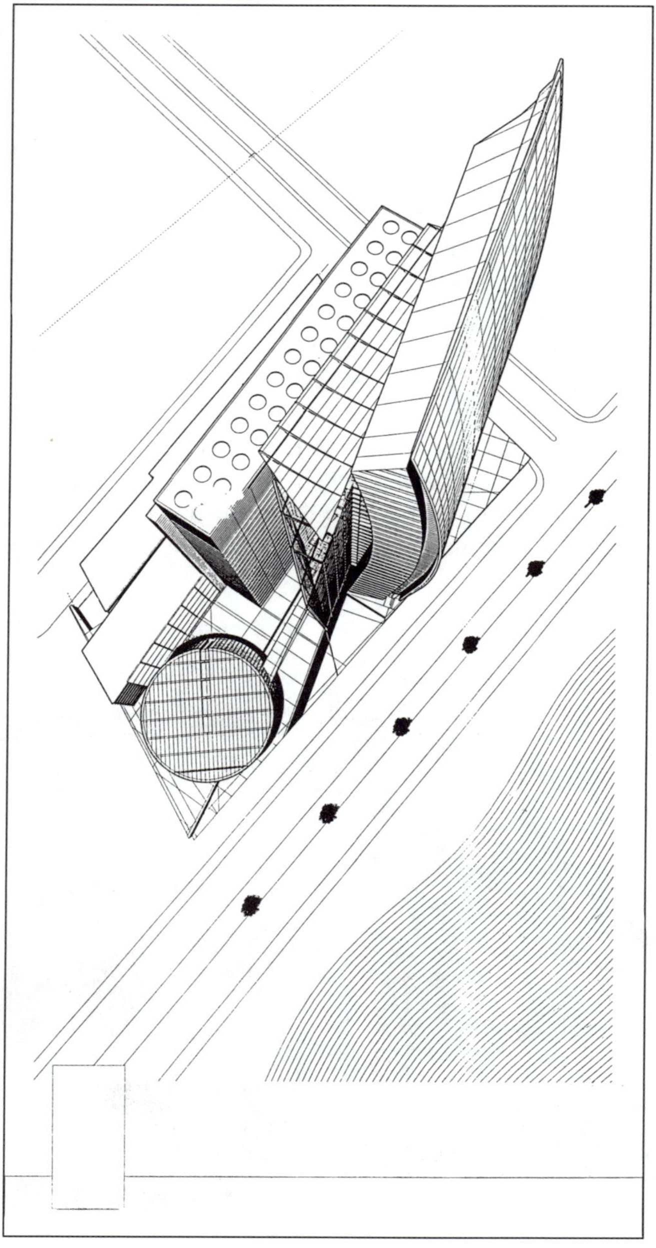

Rückgriff als wichtigstes Kennzeichen der Postmoderne anzusehen, sondern die Fiktionalität, kann auch Dekonstruktivismus den Resemantisierungstendenzen der Postmoderne zugerechnet werden. Die Zweite Moderne, so lautet ohnedies unsere These, geht aus der Postmoderne hervor, ja, ist in ihr schon enthalten und artikuliert mit dem Vokabular der selbstbegründeten Moderne die Modi der Fiktionalität.

Die Väter des Dekonstruktivismus, Coop Himmelblau, Gehry und Koolhaas haben gar nicht erst zu den ausdrucks- und bedeutungsverstärkenden Mitteln historischer Zitate gegriffen, sondern von Anfang an, bereits in den Hochzeiten der Postmoderne, der Intensität einer der Moderne verpflichteten Darstellung vertraut. Die besondere Leistung dieser Architekten liegt darin, die Tradition der Moderne angesichts ihres funktionalistischen Scheiterns und ihrer brutalistischer Leere dennoch gestärkt zu haben, indem sie die abstrakte Form für die inhaltlichen Aussagen der Dekonstruktion genutzt haben. Die Gegenständlichkeit historischer Erkennungsformen aber haben sie abgelehnt.

Die Fortsetzung der Moderne mit den Mitteln des Dekonstruktivismus bedeutet, ihr unerwartet Perspektiven eröffnet und ihr Darstellungsmittel erschlossen zu haben, die ihr am Beginn nicht zur Verfügung standen. Der Reduktion der Architektur auf die Primärformen der Geometrie, der großen, von ökonomischen Überlegungen vorangetriebenen Leidenschaft der Zeit um 1930 und um 1950/60, werden nun Mittel entgegengesetzt, die völlig andersartige Darstellungsinhalte veranschaulichen, als dies unter dem Einfluß funktionaler Zweckmäßigkeitsdogmen möglich schien. Erblickt man die seit etwa 1980 vorliegenden, leider kaum je realisierten Entwürfe von Coop Himmelblau (Abb. 75), so scheinen sie als Demonstrationen gegen die sauberen Behältnisse moderner Existenz geschaffen zu sein: Der Zusammenhalt des schützenden Gehäuses steht in Frage, die Sprengung der Formen ist gerade noch vermieden. Die Fiktion hat eine neue Schlagkraft erreicht.

Doch nicht allein die Architekten der dekonstruktivistischen Vorhut wie Coop Himmelblau haben neue Perspektiven eröffnet. Die Abwendung von der rechtwinkeligen Geometrie der Moderne reicht

◁ 77 Peter Pran, Ellerbe Becket, *Entwurf für ein Hochhaus*, 1992 bis in den Alltag der Architektur hinein. So etwa macht das zur Zeit wohl größte Planungsbüro der USA, Ellerbe Becket, durch Entwürfe auf sich aufmerksam, die der Tradition der Moderne geradezu mutwillig zuwiderlaufen (Abb. 77). Zwar ist ihre winkelförmige Anordnung zweier Hochhausscheiben der Moderne verpflichtet. Wenn sich jedoch die höhere der beiden Scheiben beängstigend weit aus der Senkrechten lehnt und, sich ausbauchend, gegen die Gesetze der Statik zu verstoßen scheint, so wird der dekonstruktivistische Protest gegen das wohlbehaltene Ganze zu einem demonstrativen Gestus. Die Vogelperspektive verdeutlicht die riskante Ausbauchung der Hochhausscheibe kurz vor ihrem Fall. Architekt und Auftraggeber nehmen eine große Anstrengung auf sich, um das Arrangement der geometrischen Körper in eine fiktionale Gestalt des Aufrechtstehens und des Einstürzens zu verwandeln. Mit dem «Material» des Hochhauses wird eine Geschichte erzählt, die den gesamten Bau einer Fiktion unterwirft. Hier allerdings wird auch die Gefahr des Manierismus erkennbar, indem der Erzählstoff einstürzender Hochhäuser keinen anderen Gedanken mehr aufkommen läßt.

*Rem Koolhaas*

Der Dekonstruktivismus war die Methode, unter Verzicht auf historisches Vokabular eine Architektursprache zu entwickeln, die sich als Material fiktionaler Darstellung nutzen ließ. Doch hat der Dekonstruktivismus unterschiedliche Parteigänger. So etwa ist die Splitterästhetik von Coop Himmelblau nicht jedermanns Sache.

Rem Koolhaas, der als einer der Anreger der dekonstruktivistischen Zerstörung des geschlossenen Baukörpers gelten kann und damit eine Reihe von Architekten, u. a. Zaha Hadid, beeinflußt hat, konnte sich nie entschließen, die stereometrischen Grundformen der Baukörper aufzulösen: «Ein Gebäude besteht nicht aus Splittern, sondern aus Räumen», pflegte Koolhaas zu sagen. Er begnügte sich in seinen Bauten und Entwürfen mit einzelnen dekonstruktivistischen Elementen, die in einen herkömmlichen modernen Bau als Irritationen eingebracht wurden. So setzte er einen Bungalow auf hoffnungslos durcheinander geratene Stützen, wie sein Einfamilienhaus von St. Cloud. Oder aber er ließ die Gitter der Gefängniszellen von Arnheim (Abb. 78) schief stehen, so daß der irritierende Eindruck eines unsicheren Sicherheitstrakts entstand.

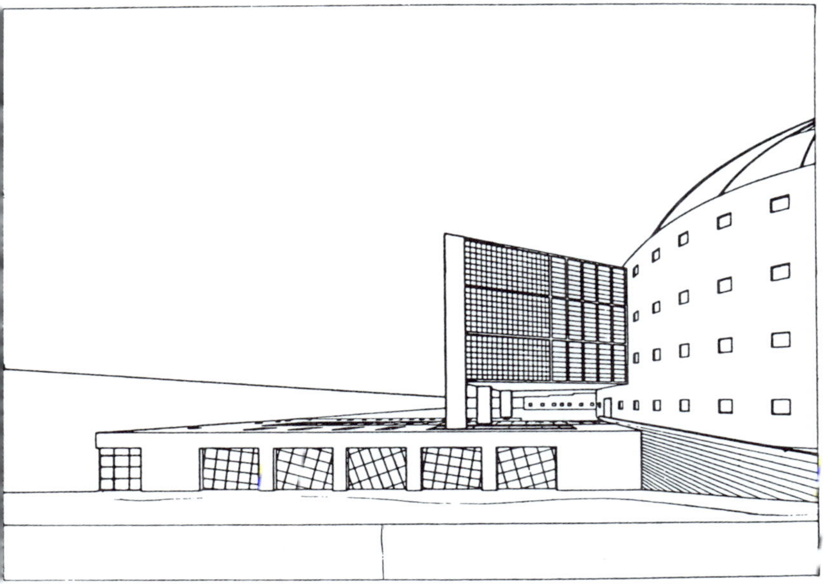

78 Rem Koolhaas, *Entwurf für ein Gefängnis, Arnheim*, 1980

Indem sich Koolhaas die Freiheit nahm, mit Hilfe einzelner Irritationsformen eine darstellerische Poesie zu entwickeln, konnte er den Gebäudekörper insgesamt erhalten. Viele seiner Entwürfe erinnern an die Architektur der fünfziger Jahre: Eine strenge Geometrie herrscht vor, die von kontrastierenden Materialeffekten belebt wird. Von hier ist der Weg nicht weit zu einer der Moderne verpflichteten Ästhetik, die sich vom Bauen der zwanziger und fünfziger Jahre darin unterscheidet, daß sie vielerlei Freiheiten gestattet. Die Architektur von Rem Koolhaas ist undoktrinär und nicht mehr vom Rigorismus bestimmt, avantgardistische Beweise zu erbringen.

Dies gilt auch für seinen deutschen Generationsgenossen, Hans Kollhoff, der ähnlich wie Koolhaas die Formen modernen Bauens unbelastet gebraucht, so als sei jeder postmoderne Zweifel überwundene Frustration.

## Gattungswechsel: Fotografie

Der Übergang zu neuen Gattungen ist in der Kunstgeschichte stets auch ein Paradigmenwechsel, insofern sich mit Hilfe eines neuen Mediums alles das sagen läßt, was bisher in einem alten Medium nicht mehr gesagt werden konnte.

Während in der Malerei der Moderne die Abstraktion dominierte, blieb es im Medium der Fotografie üblich, die Realität abzubilden (was wiederum in den sechziger Jahren den Anstoß zum Fotorealismus gab). Freilich hat die Fotografie lange genug unter dem vermeintlichen Makel gelitten, daß sie aufgrund ihrer technisch-physikalischen und chemischen Voraussetzungen vornehmlich dazu herhalten mußte, nichts als Wirklichkeit abzubilden. In Zeiten der Avantgarde, als die Abstraktion in der Malerei der Gradmesser der ästhetischen Entwicklung war, blieb die Fotografie in den Fesseln ihrer Vorgaben befangen; sie war der von ihren technischen Bedingungen behinderte Nebenstrang der allgemein künstlerischen Entwicklung und hat mit ihrer Penetranz des Schwarz-Weiß-Realismus ein eher sektiererisch-populäres Terrain neben der Kunst besetzt gehalten. Die Absichten der Kunst konnten auf sie nicht übertragen werden.

An dieser Zurücksetzung konnten auch die Versuche eines László Moholy-Nagy, Herbert Mayer und Man Ray nichts ändern, die die Abstraktion auf die Fotografie übertragen wollten. Ebensowenig hat die Entscheidung einiger russischer Konstruktivisten, die Fotografie als Mittler propagandistisch-populärer Inhalte zu nutzen, deren zeitgenössische Bewertung als mechanische Un-Kunst verändert. Die Neueinschätzung von Man Ray und Alexander Rodtschenko als «Künstler der Fotografie» ist Ereignis post festum.

Erst im Verlauf der siebziger Jahre mit der Verbreitung der Farb- und der Großbildfotografie hat dieses nun schon seit 150 Jahren verfügbare Medium den Status einer Kunstgattung gewonnen. Daß die Fotografie Kunst sei, ist eine recht junge Einsicht. Heute ist die Fotografie, bezeichnenderweise seit dem Aufkommen einer mehr gegenstandsfreundlichen Malerei der Postmoderne, als ästhetische Vermittlerin der Wirklichkeit fest etabliert. Die abbildende Wiedergabe der Außenwelt – für die Malerei uninteressant – ist in der Fotografie noch immer das Grundthema.

Das fiktionale Potential, das von der Malerei der Neuen Wilden nicht allzulange gehütet werden konnte und in der Neuen Abstraktion keine Aufnahme fand, hat sich in einem neuen Medium verkörpert: der Fotografie. Die nüchterne Technik der Kamera ist – seitdem das Großbild triumphiert und das inszenierte Foto geläufig geworden ist – die glaubwürdigste Gattung unter den unbewegten Bildern, die zur Aufnahme von Erzählgehalten taugt. Hier kommt all das zur Geltung, was anderswo unterdrückt und ausgeschaltet wurde: die narrative Phantasie.

Die Postmoderne hat die über das Abbild hinausgehende Fiktionalisierung der Fotografie unterstützt. Mit dem inszenierten Foto wurde sein narrativer Gehalt verstärkt oder überhaupt erst hervorgebracht. Jeff Wall hat seine Ereignislandschaften wie künstliche Szenen inhaltsschwanger arrangiert. Hier ist die erzählende Schilderung als Mimesis erneut in ihre Rechte eingesetzt. Im Gegensatz zur Malerei der Zweiten Moderne wird in der Fotografie jenes Interesse wachgehalten, das in der Malerei nur noch am Rande aufkommt: die gegenständliche und erzählende Darstellung der Welt und des Menschen.

## Gattungswechsel: Video

Diese Merkmale gelten für alle «technischen Bilder», wie Vilém Flusser[96] sie bezeichnet hat, auch für das Video. So sehr die Videokunst auch der Abstraktion huldigt und das gegenstandslose Bild in Bewegung gesetzt hat, so sehr ist sie die neue, noch wenig angegriffene Gattung der Künste, die ungebrochen und frisch dem ursprünglichen Erzählbegehren nachkommt und das poetische Gespinst der Fiktion in sich aufgenommen hat. Das Video ist die Paradegattung der Fiktionen.

Während die klassischen Gattungen der Malerei und Architektur auch in der Zweiten Moderne auf den ästhetischen Diskurs der Moderne zurückverweisen (ohne diesen argumentativ fortzusetzen), sind die «technischen Bilder» frei von diesem Rückverweis. Sie stehen jenseits des Diskurses der Moderne und unterliegen nicht dessen Programmauflagen. In der Videokunst können alle jene Bilder des Wirklichen wiederkehren, die im Medium der Malerei unwahr oder nichtssagend geworden sind.

Die Videokunst besitzt wie der Film multimediale Tendenzen und bezieht mit dem Ton ein größeres Informationsspektrum in die Darstellung ein. Die audiovisuellen Medien ermöglichen eine Erweiterung der zuvor eingeschränkten visuellen ästhetischen Erfahrung.

Das in der Zeit im Nacheinander sich entrollende Szenarium entspricht dem realen Zeitverlauf. Als chronologischer Ablauf sind die bewegten Tonbilder das Medium einer der Wirklichkeit vergleichbaren Handlung. Wie der Film ist Video das exemplarische Medium einer in der Zeit verlaufenden Erzählung, es ist wesentlich narrativ fiktional.

Marie-Jo Lafontaines ‹Les larmes d'acier› (Abb. 79) stellt auf 26 gestapelten Monitoren das Gewicht der Arbeit dar, einen jungen Athleten, der unter der selbst auferlegten Last des Gewichtstemmens seinem imaginären Ziel – der Ertüchtigung oder der Erschöpfung? – immer näher kommt. Das «gegenständliche» Bild ist ein bewegtes Bild, das poetisch anspielungsvoll ein Geschehen verzeitlicht.

Die Künstlerin ist nicht nur durch ihre Video-Arbeiten bekanntgeworden, sondern sie hat, sofern sie erzählerische Inhalte im stehenden Bild vermitteln wollte, zum großformatigen Foto gegriffen. Als Video- und Fotokünstlerin ist Marie-Jo Lafontaine gleichzeitig Malerin. Doch ist für sie die klassische Gattung der Malerei allein auf das Colorfield beschränkt. Das Medium Malerei ist minimalistisch reduziert auf den puren Ausdruck stiller Farbflächen. Lafontaine nutzt mit dem unterschiedlichen Einsatz unterschiedlicher Medien die jeweilige Angemessenheit und Glaubwürdigkeit des Gattungspotentials. Gegenständlichkeit und Abstraktion, Fiktionalität und Erzählverzicht, stehen im Œuvre Lafontaines gleichberechtigt nebeneinander. Im Zeitalter der Zweiten Moderne sind die Programmgegensätze zwischen Gegenständlichkeit und Abstraktion aufgehoben, dies um so mehr, als sich die Darstellungsweisen auf ein breiter gewordenes Ausdrucksspektrum alter und neuer Kunstgattungen aufteilen. Der methodisch radikale Pluralismus der Postmoderne hat in der Zweiten Moderne eine von der Gattungsvielfalt getragene Basis erhalten. Der Pluralismus der Zweiten Moderne kann nicht länger in Zweifel gezogen werden, da er nicht einer Glaubensprogrammatik folgt, sondern den Materialien der Kunst selbst angehört.

## Bewegte Bilder

Wenn auch die Kritikermeinung gegenüber der documenta 9 des Jahres 1992 allgemein negativ war, so haben doch viele Kommentatoren dieser Ausstellung die nachhaltige Wirkung der Video-Installationen hervorgehoben. Die Arbeiten von Gary Hill, Bruce Nauman und Bill Viola gehörten zu den am stärksten beachteten dieser documenta. Die wachsende Bedeutung der Videokunst läßt die Frage aufkommen, ob nicht überhaupt das Bild der Zukunft das bewegte Bild sein und ob nicht damit die Malerei überhaupt hinfällig werden wird.

Unter anderen Voraussetzungen hatte bereits Malewitsch im Jahr 1915 festgestellt: «So arbeite ich jetzt an Bildern (oder vielmehr nicht an Bildern, die Zeit der Bilder ist vorbei).»[97] Rodtschenkos Vortrag über die «letzten Bilder» und – wie Nicolai Tarabukin formulierte – das «Ende der Malerei» enthielten ganz ähnliche Einsichten, wie sie

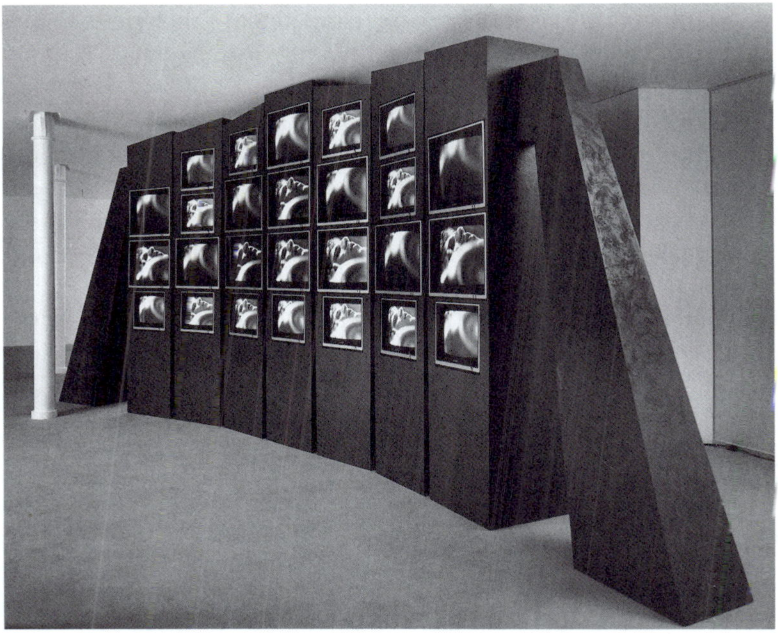

79 Marie-Jo Lafontaine, *Les larmes d'acier*, Videoskulptur, 1987, Zentrum für Kunst und Medientechnologie, Karlsruhe

Malewitsch vortrug.[98] Beide Positionen erklären sich aus dem Theoriediskurs der modernen Malerei. Eine Zeitlang haben schon die Maler des 19. Jahrhunderts geglaubt, die Fotografie könne der Malerei den Platz streitig machen, was etwa in den Äußerungen William Turners zum Ausdruck kommt, der beim Anblick einer Daguerreotypie gesagt haben soll: «Das ist das Ende der Kunst. Ich bin froh, daß mein Lebenswerk geschafft ist.»[99]

Einen besonderen Stellenwert erhält die Kritik des Filmemachers Walther Ruttmann, der nun aus der Perspektive des neuen Mediums Film von der Malerei sagt: «Der Blick [...] weiß mit den starren, reduzierten zeitlosen Formen der Malerei nichts mehr anzufangen.»[100] Ruttmanns Kritik an der Malerei beruft sich auf den Film als Alternative. Das bewegte Bild ist das zeitgenössische Bild, das der modernen Erfahrung entspricht.

Doch hat die Geschichte der Künste gezeigt, daß die neuen Gattungen wie die Fotografie und der Film die traditionellen Künste nicht haben obsolet werden lassen, vielmehr sind Film und Foto selbst mit in die Künste einbezogen worden und haben diese mitbestimmt. Häufig ist schon im 19. Jahrhundert die Fotografie als Malereivorlage genutzt worden.

Mit dem Film und neuerlich dem Video sind Medien hinzugekommen, die das Ausdrucksspektrum der Künste erweitert und deren Gattungsvielfalt bereichert haben. Neben die klassischen Gattungen Malerei und Architektur sind die neuen Gattungen der Elektronik und der digitalen Technik getreten, die dazu beitragen, daß sich die Kunst insgesamt von Grund auf verändert.

Während der ästhetische Diskurs der Moderne in der traditionellen Gattung der Malerei in die theoriefreie Selbstverständlichkeit der Neuen Abstraktion ausläuft, werden nun die Gattungen des «bewegten Bildes» in den Diskurs einbezogen. Damit stellt sich die alte Frage neu, was denn die Kunst überhaupt sei. Der Blick auf das Fernsehbild ist der Blick in eine gerahmte, in sich abgeschlossene Welt einer reproduzierten Wirklichkeit. Die von einer Hülle umgebene Bildröhre liefert das gerahmte Feld für eine Illusion, die von den Inhalten des unmittelbar ablaufenden Weltgeschehens, der Aktualität, in eine scheinbare Wirklichkeit verwandelt wird. Das illusionistisch gelieferte Weltbild ist beständig auf dem Weg, das gelebte Leben zu ersetzen, weil es, von der scheinbaren Anwesenheit des

80 Wolf Vostell, *Voyeur*, Videoskulptur, 1986, Privatbesitz

Tatsächlichen gestärkt, ständig die Wirklichkeit als vollkommene Illusion vorgibt. Hiermit ist das höchste Maß an Täuschung erreicht.

Inzwischen wurde das Fernsehen für viele Zuschauende zum Monitor, auf dem das Leben gelebt wird, auch das eigene. Es geschieht nichts mehr, es sei denn im Fernsehen. Das TV-Geschehen verhindert das Zustandekommen eines persönlichen Ereignisses.

Für den Videokünstler ist der Blick auf den Monitor der Blick auf das ausgegrenzte Bildfeld der Fiktion. Was seine Arbeiten von einer Fernsehproduktion unterscheidet, ist der Verzicht auf die Simulation der Wirklichkeit. Die Videokunst, wie sie von Nam June Paik und Wolf Vostell geschaffen wurde, war von Anfang an ein Protest gegen die TV-Realität.

Paik etwa ließ das Fernsehbild auf einen weißen Strich zusammenschrumpfen oder als eine überschnelle Abfolge von Bildern unkenntlich werden. Vostell betonierte den Fernseher ein, so daß nur noch ein kleines Loch für den Voyeur übrigblieb (Abb. 80). Und Douglas Davis stellte den Fernseher mit der Mattscheibe vor die Wand, so daß nur noch der Widerschein des Lichtes an den erleuchteten Monitor erinnerte. VA Wölfl schließlich rückte die Bildflächen zweier Monitore gegeneinander und deckte sie damit gegenseitig ab. Diese Art der Monitorkunst ist die direkteste Form des TV-Protestes.

Doch die Kriegserklärungen an das Fernsehen waren folgenreicher und haben quasi stilbildend gewirkt. Paik hat den schnellen Ablauf der Bilder mit dem raschen Wechsel von abstrakten und gegenständlichen Images beibehalten und die Verhinderung des «angesaugten» Blicks zu einem durchgehenden Thema seiner Arbeiten gemacht.

Friederike Pezold hat auf das bewegte Bild mit – beinahe – unbewegten Bildern geantwortet (Abb. 81). Ihre Video-Installation ‹Die letzte Familie› besteht aus drei Monitoren, auf denen links der

81 Friederike Pezold, *Die letzte Familie*, Videoskulptur, 1989, Zentrum für Kunst und Medientechnologie, Karlsruhe

Kopf einer Frau, in der Mitte der Kopf eines Hundes und rechts der Kopf eines Mannes zu sehen sind. Der unvorbereitete Betrachter steht vor den drei stillgestellten Köpfen und glaubt, drei Fotos zu sehen, die auf die Mattscheibe geklebt wurden. Eben hat er sich auf diese Interpretation eingelassen, da erkennt er den kaum merklichen Augenaufschlag der Frau, die leichte Bewegung ihres Kopfes, das unerwartete Gähnen des Hundes. Die sterile Welt einer Familie, in der an die Stelle des Kindes der Hund tritt, hat auch die Bilder beinahe stillgelegt. Ein Augenblinzeln als Geschehen!

Der Amerikaner Bill Viola hat das scheinbar stillgestellte Bild dazu benutzt, um den Betrachter mit einem außergewöhnlichen Eindruck der Ruhe zu konfrontieren. Die Rauminstallation Violas, ‹Threshhold›, wird nach außen durch ein schnellaufendes Diodenband begrenzt. Die nervös vorübereilenden Buchstaben geben die aktuellen Meldungen der Presseagenturen wieder. Man tritt durch das Diodenband hindurch in den dahinterliegenden Raum und sieht sich umgeben von übergroßen Wandprojektionen dreier menschlicher Köpfe, zweier Männer und einer Frau, auf Kopfkissen gebettet. Die Menschen halten die Augen geschlossen. Sind sie tot? Nach einer Weile irritierten Innehaltens gewahrt der Besucher, daß die dort Lagernden atmen. Leise hebt und senkt sich die Brust, kaum merklich bewegen sich die Lippen. Die drei Menschen auf den Wänden ringsum sind Schlafende. Jetzt auch hört man das tiefe Atmen. Nichts geschieht. Die bewegten Bilder schränken die Bewegung auf das Schlafen und Atmen ein. Überwältigend still legt sich der Schlaf auf den Hereingekommenen. Die großformatige Videoinstallation ist zur geschlossenen Fiktion einer nach außen abgeriegelten Welt geworden.

Die Videokunst, als kritisches Instrument gegen das Fernsehen gewendet, reduziert den höchsten Täuschungsgrad einer simulierten Wirklichkeit auf die ästhetische Beschränkung des nur Fiktiven. Während das Thema der Avantgarde lautete, die Kunst in das Leben zu entgrenzen, nimmt die Videokunst die Rolle auf sich, die bewegten Bilder aus der TV-Totalität des simulierten Lebens in die ästhetische Fiktion zurückzuholen.

Nicht die Computergrafik als «maschinell gemalte Gemälde» hat die Kunst verändert. Die Täuschungsmanöver des Computers, gleiches zu können wie die menschliche Hand, führt nicht viel weiter als bis zum Wunder des Gemäldesurrogats.

Was aber die Kunstszene von Grund auf verwandelt hat, ist die Videokamera, die das bewegte Bild unmittelbar verfügbar macht, also den dazwischen geschalteten Entwicklungsprozeß wie beim Film eliminiert und die Kompliziertheit des Filmprojektors durch den einfachen Kassetteneinschub des Videorecorders ersetzt. Das bewegte Bild wird auf diese Weise beinahe ebenso direkt verfügbar wie Pinsel und Farbe. Die Materialien nähern sich hinsichtlich eines ungehinderten subjektiven Zugriffs einander an.

Doch das bewegte Bild hat Wirkungsweisen an sich, die sich außerhalb unserer herkömmlichen ästhetischen Wahrnehmung vollziehen und deshalb auch nach neuen Einschätzungen und neuen Begriffen verlangen. So etwa sind wir gewohnt, das gemalte Bild als Zentrum der Anschauung zu erleben, also das Zustandekommen ästhetischer Wahrnehmung von einer höchstmöglichen Zentrierung unseres Blicks abhängig zu machen. Konkurrierende Bilder wirken dem entgegen. Auch Bildserien werden deshalb als Einzelbilder wahrgenommen, jedes Bild in einem Freskenzyklus wird als in sich zentriertes Bild erlebt.

Die Video-Installation hingegen vereint meist mehrere Bilder, die gleichzeitig ablaufen. Der Rezipient ist aufgefordert, seine Aufmerksamkeit zu teilen und den Blick von einem Monitor zum anderen, zu einem dritten und vierten springen zu lassen, so daß eine Unruhe entsteht, die anschauende Selbstvergessenheit eher verhindert. Der Betrachter wird aktiviert und kann gerade das nicht erfahren, wozu Kunst gemacht schien: die Ruhe der reinen Anschauung.

Angesichts solcher Versuchungen des Bilderreichtums kommt es darauf an, für den Ablauf der Bilder einen umgreifenden Inhalt zu finden. Bruce Naumans sich drehender Kopf seiner Video-Installation ‹Feed me – Help me – Eat me – Hurt me›, wie sie auf der documenta 9 zu sehen war, kehrt als reale Plastik auf mehreren Monitoren wieder (Abb. 82). Die lauthals ausgerufenen Worte überschneiden sich und lassen kaum zu, einen Satzzusammenhang

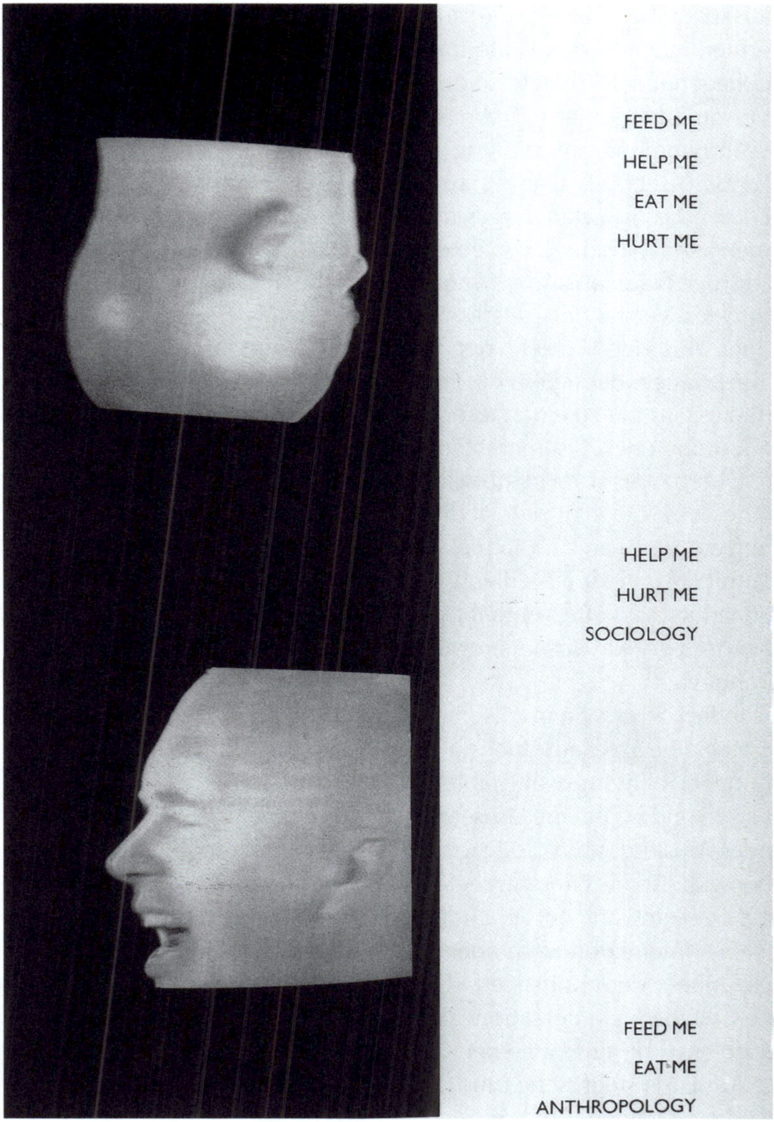


82 Bruce Nauman, *Feed Me – Help Me – Eat Me – Hurt Me*, Videoinstallation, 1992, Kunsthalle, Hamburg

auszumachen. Doch die auseinanderlaufende Vielfalt der unterschiedlichen Bilder, Laute und Medien findet in dem allem zugrundeliegenden Bild des Kopfes wieder zusammen: Verteilung und Versammlung eines Themas. An den Betrachter wird die hohe Wahrnehmungsanforderung gestellt, die Vielfalt der Bilder im springenden Blick als Ganzes zu erleben – oder aber es wird ihm die Erkenntnis abverlangt, daß dieses Ganze nicht mehr zustandekommen kann: Abschied von einer Ästhetik der Einheit des Kunstwerks?

Bruce Naumans Arbeit verdeutlicht eine neue Komplexität, die ein direktes Verständnis des Kunstwerks verhindert. Wenn es aber gelingt, aus der Vielzahl der Bilder und Stimmen eine Gesamtheit aufzubauen, dann führt die Erfahrung des Kunstwerks als ein versammeltes Ganzes zu einer besonderen Genugtuung. Der Betrachter war am Aufbau des Zusammenwirkens aktiv beteiligt.

Überhaupt ist das Einbeziehen des Betrachters in das Kunstwerk eine neue Qualität der Medienkunst. Das Publikum wird geradezu aufgefordert, am Zustandekommen des Werks teilzuhaben oder zumindest in das Medienwerk einzugreifen. Dieses «Interaktion» genannte Verhalten enthebt das Publikum der bloßen Betrachtung; es wird zur Aktivität angeregt und gibt damit seine passive Betrachterhaltung auf.

Jeffrey Shaws Fahrrad seiner ‹Legible City› läßt beim Steuern und Treten eine Stadt aus Buchstaben vor dem Auge entstehen (Abb. VIII). Je nach Richtungswahl fährt der Fahrende (Betrachter) in die Stadt hinein und erfährt die Umsetzung einer gebauten Stadt wie New York oder Amsterdam in die Darstellungsform einer erdichteten Buchstabenwelt. Seine Fahrentscheidungen entscheiden über das vor ihm auf der Leinwand entstehende Bild der Straßen und Häuserfronten.

Die Interaktion verhindert die gewohnt kontemplative Haltung gegenüber dem Kunstwerk. Die stille Anschauung des reinen Schönen ist dahin. Interaktion als eine Tätigkeit zur Erschließung des Medienwerks führt zu einer Kunst, die wir so bisher nicht kannten.

Am Ende stellt sich grundsätzlich die Frage, ob nicht das bewegte Bild ein Gegner aller Kunst ist, da es das stille Bild außer Kraft setzt. Stirbt am Ende die Malerei am Virus der Videokunst? Umgekehrt läßt sich sagen, daß das stille Bild in Konkurrenz mit dem bewegten Bild das neue Gewicht einer mehr kontemplativen Wahrnehmung erlangt hat. Stärkt sich das stille Bild am bewegten Bild?

Doch sollten wir die müßige Debatte um das Überleben des alten Bildes im Zeitalter des elektronischen Bildes nicht länger fortführen, da die eine wie die andere Gattung je nach den unterschiedlichen künstlerischen Absichten weiter existieren wird.

Es sind allerdings die elektronischen Technologien, die es erlauben, mit elektronischen Bildern und Tönen das Ziel der alten Künste neu anzuvisieren – das fiktionale Kunstwerk.

*Fabrizio Plessi*

Kein anderer Videokünstler der Gegenwart hat wie der Wahl-Venezianer Fabrizio Plessi das Thema der Illusionierung in den Mittelpunkt seiner Videoarbeiten gestellt; hier geht es wie nirgends sonst um unser Generalthema, um die Grenze zwischen Fiktion und Wirklichkeit, womit die Frage nach der illusionistischen Darstellung noch einmal eine unerwartete Dominanz erlangt hat.

Nach der Erfindung der Perspektive haben die Maler der italienischen Renaissance ausprobiert, welche betörenden Illusionen man mit Hilfe der Zentralperspektive hervorrufen kann. Sie zeichneten immer wieder und ohne Unterlaß mit der Leidenschaft der Entdecker schießende Fluchtlinien, die einen unaufhaltsamen optischen Sog entfalteten, als solle der Betrachter selbst in den Fluchtpunkt hineingezogen werden. Diese Demonstrationen der Zentralperspektive erscheinen als nackte Darstellung von Städten und Straßen, von Tempeln und Palästen, in die Menschen nur als Figurinen hineingesetzt worden sind. Ähnlich grundsätzlich erprobt Plessi die Illusionierung der bewegten Bilder. Sie sind Demonstrationen des Scheins, die nichts anderes neben sich dulden.

Auf einem auf Räder gesetzten beweglichen Video-Monitor sieht man ein Glas mit Flüssigkeit (Abb. 83). Es fährt auf einen realen Ventilator zu, der ringsum die Luft in Bewegung setzt. Je näher der Monitor auf den Ventilator zufährt, desto stärker gerät die Flüssigkeit im Glas in Bewegung, bis sie, dicht vor dem Ventilator – überschwappt. Wie aber kann der Ventilator als Teil unserer dreidimensionalen Wirklichkeit das Wasser im Glas auf der Mattscheibe in Bewegung setzen? Das weiß nur Fabrizio Plessi.

Die berühmte Installation ‹Roma›, die Plessi auf der documenta 8 zum erstenmal der Öffentlichkeit vorstellte, gab ein ganz ähnliches Rätsel auf: Auf 36 im Dreiviertelkreis aufgestellten, nach oben

83 Fabrizio Plessi, *Water wind,* Videoskulptur, 1984, Museo Español de Arte Contemporaneo, Madrid

gerichteten Monitoren floß – quasi durch die Kästen hindurch – ein unaufhörlich strudelnder Wasserstrom. Am Kopf des Dreiviertelkreises stand ein großes Förderband, das schräg nach unten auf den mittleren Monitor herabführte. Obwohl das Band lief, sah man auf ihm keinen Stein, der unten ins Wasser hätte fallen können, sozusagen in den Monitor hinein. Aber man hörte den Stein, der in unregelmäßigen Abständen ins Monitorwasser hineinfiel. Wenn man dann an das Förderband heranging und in den Monitor blickte, sah man tatsächlich den Stein ins Wasser fallen. Er fiel vom laufenden Förderband herab, auf dem kein Stein befördert wurde, und plumpste laut hinein in den Wasserfluß. Kein Zweifel – hier geschah ein Wunder.

Plessi, dieser mediale Wasserkünstler, hat viele solcher Wunder vollbracht, etwa das große Mühlrad (Abb. 84), das von einem Wasserstrom angetrieben wird und sich dreht. Tatsächlich sprudelt unten, wo das Wasser aus den Schaufeln herabfällt, ein Strom hervor, der in einer Entfernung von einigen Metern wieder im Boden verschwindet. So weit, so gut. Doch die Irritation wächst, wenn man erkennt, daß die Schaufeln des Rades von Monitoren gebildet werden, von denen das Wasser – nicht wirklich, sondern als bewegtes Videobild – herabsprudelt. Alles ist wirklich, nur das Wasser, das antreibt und das Rad umtreibt, ist eine bloße Täuschung, ist ein elektronisches Bild.

Nahezu alle Arbeiten des Künstlers haben auf vielfältige Weise das große Thema der Künste zum Inhalt, das Thema von Wirklichkeit und Täuschung, von Sein und Schein, von Realität und Fiktion. Immer stellt sich die Frage erneut: Wo beginnt der Schein und was ist die Realität? Plessi scheint zu antworten: Dort, wo wir die Wirklichkeit erwarten, dort ist sie gerade nicht, dort ist medialer Schein, dort geschehen die Wunder der Fiktion. Und wenn wir vom Schein fortgerissen werden und vermeinen, überall Fiktionen zu erkennen, dann stoßen wir auf die harte Materialität des Wirklichen.

Plessi treibt die Fiktion weit in die Realität vor. Doch er stoppt knapp vor dem Umkippen in die Wirklichkeit ab, hält die Fiktion fest, wo sie noch Schein ist und läßt sie dramatisch auf die Wirklichkeit treffen. Dieser Balanceakt zwischen täuschendem Für-wahr-Halten und Wahrheit des Wirklichen, dieses spannungsvolle Verhältnis von Schein und Sein ist der Boden, auf dem mit der Fiktion die Poesie

PLESSI PER PRATO EXPO
MULINO ELETTRONICO
TELEVISORI
RUOTA 5 Ø 060
PRATO
MULINO ELETTRONICO
TV
500

entsteht. Es ist das Schöne, es ist der poetische Augenblick, in dem wir erkennen, daß das kräftig antreibende Wasser auf dem Mühlrad nur Schein ist und daß das Mühlrad sich trotzdem dreht.

So können wir sagen, Plessis Kunst bestehe darin, die Täuschung im Moment des Auftreffens auf die Wirklichkeit zu erhalten, also – um es allgemeiner zu formulieren – eine fast wahre Geschichte zu erzählen.

Die Videokunst gibt uns die Möglichkeit, aus der Abstraktion der modernen Malerei auszubrechen und an die Stelle autonomer Formen den erzählenden Schein zu setzen. Mit dem Wechsel der Gattungen von der Malerei zur Videoinstallation erhält das gegenständlich erzählende Bild neuen Auftrieb, und es gelingt uns, mit diesem neuen Mittel, der Medienkunst, nie gesehene, nie gehörte Geschichten zu erzählen, also Darstellungsmodi zu entwickeln, die erst mit Hilfe der Videokamera möglich geworden sind. Fiktionen, die im Bereich der traditionellen Künste nicht mehr geglaubt wurden, sind nun erlaubt. Was wir mit den Mitteln der herkömmlichen Künste nicht mehr sagen konnten, gelangt nun zu neuer Sprache.

### *Bill Viola*

In seiner Arbeit ‹The City of Man› (Abb. 85) hat Bill Viola die Grenze zwischen dem Geltungsbereich des klassischen Leinwandbildes und des bewegten Bildes genau markiert. Angesichts dieser flach wie Holztafeln an der Wand hängenden Projektionen scheint der historische Augenblick gekommen, an dem die Überschreitung der Grenze zwischen dem stillen und bewegten Bild, dem gemalten und dem elektronischen Bild stattgefunden hat.

Wir stehen vor einer dreiteiligen Projektion, die in ein großes sieben mal sieben Fuß messendes Mittelbild und in zwei Flügel zu je dreieinhalb mal sieben Fuß aufgeteilt ist. Wir scheinen mit einem Flügelaltar konfrontiert, der beinahe fünf Meter in der Breite mißt und dem Betrachter drei ganz verschiedene Szenen darbietet. Im Zentrum sehen wir einen monumentalen Tagungsraum, links eine Landschaft und rechts ein von roten Flammen durchlodertes Haus. Während wir nach dem Sinn dieser drei als Triptychon organisierten

◁ 84 Fabrizio Plessi, *Tempo liquido*, Videoinstallation, 1989, Museo d'Arte Contemporanea «Luigi Pecci», Prato

Bilder fragen, sind wir bereits gewahr geworden, daß alle drei Bilder bewegte Bilder sind. In einem Tagungsraum sitzen einzelne Menschen und bereiten eine Sitzung vor; hin und wieder geht einer der Anwesenden hinaus oder ein anderer kommt herein: die menschliche Gesellschaft in Erwartung des Kommenden oder nach getaner Arbeit. Links erblicken wir eine von der aufgehenden Sonne vergoldete Szenerie, eine leicht ansteigende Straße, auf der Autos fahren. Und rechts drängt sich die Katastrophe in den Blick, lodernde Flammen, ein Sinnbild des Unglücks und des Krieges.

Viola hat mit dieser 1989 entstandenen Arbeit Abschied genommen vom Monitorbild. Das Triptychon scheint ein Wandelaltar zu sein, der aus dem Kirchenraum entfernt und an die Wand eines Museums gehängt wurde. Der dunkle Rahmen und der – wie Viola ausdrücklich fordert – «darkened gallery space» vermitteln den Eindruck eines konventionellen Museums, in das der Videoaltar aufgenommen wurde. Der Typologie klassischer Triptychen entsprechend, scheinen die drei Tafeln monumental großformatig für die Fernsicht bestimmt zu sein. Doch was diesen Wandelaltar von allen anderen unterscheidet, ist die Bewegung in den Bildern, das Licht der aufgehenden Sonne und das heftig flackernde Feuer, ist das ferne

85 Bill Viola, *The City of Man*, Videoinstallation, 1989, Zentrum für Kunst und Medientechnologie, Karlsruhe

Geräusch der Welt und das Prasseln der Flammen. ‹The City of Man› ist die von Menschen belebte Szenerie der Zivilisation.

Als bewegte Bilder spielen sie auf die stillen Bilder an und setzen sich als das Neue in ein Verhältnis zum Herkömmlichen. Otto Dix und Max Beckmann haben früher schon die monumentale Form des Triptychons für ihre Darstellungen der modernen Welt genutzt. Bill Viola tut ein Gleiches, doch hat er seine Weltfiktionen durch das bewegte Bild auf neue Weise legitimiert. Wir blicken auf diese hohen Tafeln, als sei hier die Illusion der Wirklichkeit wahrhaftig geglückt. Aber die Dreiteilung des Altars ist eine Kunstform, ist der ästhetische Bezug, der die Illusion einschränkt und zurücknimmt auf die poetische Darstellung der durch die Videokamera hindurch gesehenen Szenerien der Natur und der bewohnten Welt. Es ist das erste monumentale «Bild» der elektronischen Medien.

## Entgrenzung

Doch schon erwartet uns eine neue Wendung des ästhetischen Diskurses der Gegenwart. Denn, so stellt Florian Rötzer[101] ungeduldig fest, auch das bewegte Bild ist wie das stille Bild ein gerahmtes illusionistisches. Ob Leinwandbild oder Monitorbild – «wir glauben nicht mehr an die Macht der Bilder. Sie sind zu dünn geworden, zu flach. [...] Auch wenn die Bilder zu Riesenformaten aufgebläht werden, [...], so wird immer deutlicher, was sie nicht bieten können: Wir sind immer draußen, es führt kein Weg hinein, so wie wir ihnen oder so nah sie uns auch immer kommen mögen. Wir wollen keine Szene auf der Bühne mehr sehen.» Was aber soll an die Stelle dieser flachen, distanzierten Bilder, was soll an die Stelle der Bühne treten? – «Anti-Fiktionen», sagt Florian Rötzer, indem er sich auf die Argumentation und auf die jüngsten Arbeiten von Peter Weibel beruft. Kaum haben die neuen Medienkünste begonnen, eine eigene, womöglich neue Ästhetik hervorzubringen, da kündigt sich auch schon die Berufung auf das Anti-Fiktive an, da wird nach herkömmlicher Avantgarde-Gebärde die Entgrenzung des Fiktiven zum Programm erhoben: «In der Turing-Galaxis [d. h. im Zeitalter des Computers] entsteht der Wunsch, mit den Mitteln der Simulation die Simulation zu durchbrechen.» Denn «der geheime Traum der Simulation ist ja nicht die Reproduktion». Gewollt ist die «totale

Wirklichkeitsillusion [Morton Heilig], die nicht mehr durch einen Rahmen getrennt ist, in der das Bild also für den Beobachter sich nicht mehr durch einen Ausschnitt als Welt in der Welt zu erkennen gibt. Der Rahmen muß gewissermaßen als Haut um den Betrachter herumgelegt, dieser vom Bild eingehüllt werden, so daß er meint, sich in ihm zu befinden und das Bild apparatefrei wahrzunehmen.» Wir erfahren im folgenden, daß die gemalten oder bewegten Bilder doch nur Surrogate waren, «daß das Verlangen nach Bildern seinen Höhepunkt durchlaufen hat, daß es schon immer die Kompensation eines anderen Wunsches war, eine Übergangstechnik, die nur mangels besserer Methoden einer ganz nach den Bedürfnissen bis ins Detail ausgeführten Umweltgestaltung in Konjunktur stand». Florian Rötzer hat seinem Plädoyer den Titel gegeben: «Vom Bild zur Umwelt», das heißt, «uns interessieren immer weniger die Bilder an der Wand oder auf dem Bildschirm [...]. Wir wollen keine Fenster mehr, durch die wir hindurchschauen, wir wollen Türen, durch die wir in Welten eintreten können. Wir wollen Wirklichkeit, also nicht nur auf uns wirkende Bilder, sondern auch solche, auf die wir» – im Sinne der Interaktion – «einwirken können.» Das ästhetische Bedürfnis sei eben, so meint Rötzer, ein «Bedürfnis nach Wirklichkeit» – und, so können wir ergänzen, ein Bedürfnis, das Erfundene, Erdichtete und Vorgestellte in Realität zu verwandeln.

«Noch steuern wir von außen durch die Maus oder den Joystick nur irgendein Symbol oder Männchen auf dem Bildschirm, doch bald wird es in den Computerspielwelten die Regel sein, daß die Monster oder Jagdbomber uns selber angreifen, die wir uns virtuell in dieser virtuellen Welt befinden.» Die Frage bleibt, ob diese Monster und virtuellen Jagdbomber uns auch töten können.

Wir hören aus diesen Sätzen die Diktion des ästhetischen Manifestes heraus. Wir werden abermals konfrontiert mit dem leidenschaftlichen Drang einer neuen Avantgarde, die Kunst in die Wirklichkeit zu entgrenzen.

Mit der Steigerung mimetischer Illusionen zur Simulation und zum Weltersatz steigert sich auch der Wille zur Identität von Kunst und Wirklichkeit, oder – wie Rötzer sagt – «durch Simulation die Simulation zu durchbrechen». Dann wäre die Zweite Moderne auf dem Weg der Medienkunst wieder dort angelangt, wo die Erste Moderne schon angelangt und, so wissen wir heute, steckengeblieben war.

Kann der höchste Grad der Illusion, die Simulation, mit Hilfe der neuen Medientechnologie am Ende das erreichen, was Kunst nie vermocht hat – sich in Wirklichkeit zu verwandeln? Kann also die vieldiskutierte «virtual reality» Realität werden?

Der alte Traum des Apelles wird mit den neuen Mitteln der Hochtechnologie weitergeträumt. Können wir aber glauben, daß die gemalte Fliege, die Apelles auf den illusionistisch dargestellten Blumenstrauß seines Konkurrenten gemalt hatte, auch weggejagt werden kann?

Am Ende des Jahrhunderts gelangen wir im Namen einer Zweiten Moderne zur Illusion zurück, die Illusion ästhetisch zu überwinden. Und wieder werden wir an die Worte Friedrich Schillers erinnern müssen: «Der Schein soll nie die Wirklichkeit erreichen/ und siegt Natur, so muß die Kunst entweichen.»

Wir haben in dieser Darstellung die Argumentation auf eine Weise fortgesetzt, wie sie von einem Teil der Avantgarde-Künstler intoniert worden ist – als ein Entweder-Oder zwischen Kunst und Leben, zwischen Fiktion und Funktion. Die Wirklichkeit aber sah insgesamt anders aus: Dort, wo die Identität zwischen Kunst und Leben wie im Funktionalismus tatsächlich hergestellt wurde, verschwand die Kunst. Meist aber ist die Spannung zwischen künstlerischer Praxis und programmatischem Anspruch nicht aufgehoben worden. Das Werk, das die Identität belegen sollte, blieb häufig – wie bei Stellas «shaped canvas» – Kunstwerk. Was es in Spannung hielt, war eben dieser Anspruch.

Andy Warhols Ausruf «All is pretty!» und die Behauptung von Joseph Beuys: «Jeder Mensch ein Künstler» ändern nichts daran, daß die Welt nicht aus Kunstwerken besteht und daß es noch immer nicht allen Menschen gelungen ist, zu Künstlern zu werden.

Die Geschichte der Kunst im 20. Jahrhundert war die Geschichte einer strittigen Autonomie der Kunst. Sobald die Kunst das Spannungsfeld einer geforderten Identität mit dem Leben aufgab, drohte sie Dekoration zu werden, sobald sie sich mit dem Leben vereinte, verlor sie sich selbst.

Auch die Medienkünste unterliegen, sofern sie gelingen sollen, derselben Aufgabe, die schwierige Balance zwischen ästhetischer Autonomie und Leben aufrecht zu erhalten.

# ANHANG

## Anmerkungen

1. Der Begriff «Zweite Moderne» ist nicht neu. Er wurde – allerdings unscharf – auf die Kunst der fünfziger Jahre bezogen und sollte nach dem Modernitätsverbot des Dritten Reichs die Wiedergeburt der Moderne bezeichnen, vgl. Karl Ruhrberg: Kunst im 20. Jahrhundert, Stuttgart 1986, 33.
Die Verwendung des Begriffs für die Kunst der fünfziger Jahre verkennt jedoch, daß die Geschichte der Moderne in Deutschland und in Rußland nicht identisch war mit der Entwicklung der Moderne überhaupt, die in den USA, Brasilien und Skandinavien ungebrochen weiterging. Die politisch oktroyierten Modernitätsverbote kamen von außen; erst mit der Postmoderne entstand ein Orientierungswechsel, der sich aus dem ästhetischen Diskurs der Moderne selbst ergab. Die seitdem nicht mehr garantierte kontinuierliche Geltung des Avantgarde-Programms führt zur Beendigung dieses Diskurses; die Zweite Moderne beginnt erst nach dem Bruch des ästhetischen Diskurses der Avantgarde.
In einem Beitrag für das Jahrbuch für Architektur, 1980/81, 7–9, habe ich bereits den Begriff der Zweiten Moderne vorgeschlagen, damals als kritischen Gegenbegriff gegen die «Postmoderne». In dem 1986 erschienenen Ausst.kat. ‹Vision der Moderne›, München 1986, gebrauche ich den Begriff «Zweite Moderne» im heutigen Sinne in Ergänzung zu den Begriffen des Dekonstruktivismus und der Neuen Abstraktion. Hierzu weitere Ausführungen in meinem Ausst.kat., ‹Architektur des 20. Jahrhunderts. Zeichnungen – Modelle – Möbel›, Stuttgart 1989.
2. Jürgen Habermas: Der philosophische Diskurs der Moderne. Zwölf Vorlesungen, Frankfurt/M. 1985. Von meiner Kritik nehme ich aus: Wolfgang Welsch: Unsere postmoderne Moderne, Weinheim 1987.
3. Der Grundlagentext der ästhetischen Postmoderne ist: Charles Jencks: The Language of Postmodern Architecture, London 1977.
4. Ich folge Peter Bürger: Theorie der Avantgarde, Frankfurt/M. 1981 ([1]1974). Die von Bürger nachträglich erklärte Einschränkung des Avantgardebegriffs auf eine «Anzahl künstlerischer Bewegungen, die im Umkreis des Ersten Weltkriegs entstanden sind und deren Ziel es war, die in der Institution Kunst verkapselten kreativen Potentiale in die Wirklichkeit freizusetzen», erscheint mir als eine unzulässige Aufteilung der Moderne; auch die «werkzentrierte Moderne» hat ihren Anteil an der Avantgarde-Bewegung, insofern das abstrakte Kunstwerk – wie ich nachfolgend zeige – eine Voraussetzung für die Entgren-

zungsprogramme der Avantgarde ist. Vgl. Peter Bürger: «Im Schatten von Joseph Beuys», in: Kunstforum International 90 (Juli–September 1987), 77.

5. Michael Müller, Horst Bredekamp, Berthold Hinz u. a.: Autonomie der Kunst. Zur Genese und Kritik einer bürgerlichen Kategorie, Frankfurt/M. 1972.
6. Daß andere Künstler gleichzeitig oder wenig später von sich aus zu gleichen Ergebnissen gelangten – so Hölzel oder Kupka –, bestätigt nur die historisch ähnlichen Voraussetzungen, von denen alle diese Maler ausgingen.
7. Im folgenden gebrauche ich zur besseren Unterscheidung den Begriff «abstrahierend» im Sinne einer noch immer vom Gegenstand her argumentierenden Kunst. Hingegen bedeutet der Begriff «abstrakt» – wie im internationalen Sprachgebrauch üblich – »gegenstandslos».
8. Jürgen Schilling: Aktionskunst – Identität von Kunst und Leben? Eine Dokumentation, Luzern/Frankfurt/M. 1978, 31–44. Vgl. auch Martin Damus: Funktionen der bildenden Kunst im Spätkapitalismus, Frankfurt/M. 1973.
9. Jürgen Habermas: «Mit dem Pfeil ins Herz der Gegenwart. Zu Foucaults Vorlesungen über Kant. Was ist Aufklärung?», in: ders.: Die neue Unübersichtlichkeit, Frankfurt/M. 1985, 129.
10. Vgl. Heinrich Klotz: «Das Chicagoer Hochhaus als Entwurfsproblem», in: John Zukowsky (Hg.): Chicago-Architektur 1872–1922. Die Entstehung der kosmopolitischen Architektur im 20. Jahrhundert, Ausst.kat., München 1987, 59–78.
11. Ich habe den Referenzpluralismus der Architektur der Avantgarde-Bewegung ausführlich dargestellt in: Heinrich Klotz (Hg.): Vision der Moderne. Das Prinzip der Konstruktion, Ausst.kat., München 1986.
12. Heinrich Baron von Hübsch: In welchem Style sollen wir bauen?, Karlsruhe 1828.
13. Welsch 1987, passim.
14. Bürger 1981 ([1]1974), 44.
15. Op. cit.
16. Burkhardt Lindner, in: W. Martin Lüdke (Hg.): Theorie der Avantgarde. Antworten auf Peter Bürgers Bestimmung von Kunst und bürgerlicher Gesellschaft, Frankfurt/M. 1976, 77ff.
17. Alle diese Beispiele verdeutlichen, daß der im selben Band abgedruckte Widerlegungsversuch Bürgers durch Heiner Boencke nicht trifft: «Denn daß ‹Praxis› nicht platt identisch mit ‹Kunst› werden kann, daß das eine nicht im anderen verschwindet, auch nicht in der Intention der Avantgarde-Bewegungen, muß einleuchten.» Op. cit. 169. Hingegen zeigen die von Lindner und anderen angeführten Zitate, daß die Avantgarde-Bewegung nicht nur allegorisch die Identität von Kunst und Leben forderte.
    Habermas ist auf den hier dargestellten Zusammenhang in seiner Adorno-Preisrede eingegangen und hat auf die Praxis «falscher Aufhebung» in der Kunst der Moderne hingewiesen. Allerdings konzentriert er sich – wie Adorno und Bürger – auf die Aufhebungsversuche des Surrealismus, so daß seine Kritik eher als Beanstandung eines Randphänomens der Moderne erscheint, ohne darin den Kerngehalt des ästhetischen Diskurses der Moderne zu sehen, der die Kunst der sechziger Jahre schließlich universell bestimmt hat.
18. Lindner, in: Lüdke 1976, 78.

19. Op. cit., 78.
20. Op. cit., 79.
21. Op. cit., 78, vgl. die Problematik des Happenings vierzig Jahre später.
22. Op. cit., 77.
23. Op. cit., 80.
24. Van Doesburg und van Eesteren: «Auf dem Weg zum kollektiven Bauen, Kommentar zu Manifest V», in: De Stijl VI, Rotterdam 1923, 89, wiederabgedruckt in: Ulrich Conrads: Programme und Manifeste zur Architektur des 20. Jahrhunderts, Wiesbaden [2]1981, 63.
25. Zit. nach Margit Rowell: «Wladimir Tatlin. Form/Faktura», in: Ernst-Gerhard Güse (Hg.): Reliefs. Formprobleme zwischen Malerei und Skulptur im 20. Jahrhundert, Ausst.kat. Münster 1980, 248.
26. B. Arvatov: «Die Reaktion in der Malerei» (1925), wiederabgedruckt in: Hubertus Gaßner und Eckhart Gillen: Zwischen Revolutionskunst und Sozialistischem Realismus, Dokumente und Kommentare. Kunstdebatten in der Sowjetunion von 1917 bis 1934, Köln 1979, 149.
27. Irina Karassik: «Das Institut für Künstlerische Kultur», in: Heinrich Klotz (Hg.): Matjuschin und die Leningrader Avantgarde, Ausst.kat. Stuttgart/München 1991, 40.
28. Op. cit.
29. Op. cit., 41.
30. Alexander Rodtschenko und Warwara Stepanowa: Produktionsmanifest, Moskau 1921. Zit. nach: Tendenzen der zwanziger Jahre, Ausst.kat. Berlin 1977, 102f.
31. Das Eindringen der Realitätspartikel in das Kunstwerk als eine in das Leben hineingehende Auflösung des autonomen Kunstwerks zu deuten, wie Peter Bürger und andere Interpreten versuchen, ist eine von heute her vollzogene Erklärung post festum. Die Zeitgenossen und Beteiligten selbst verstanden die Collage in umgekehrtem Sinne; sie beteuerten die Dominanz der alles, auch die Realitätspartikel, zusammenhaltenden Komposition, die eben auch erlaubte, die Zweckgebundenheit dieser Partikel in das Ästhetische hinein aufzulösen. Die Kubisten verstanden den Vorgang als Vereinnahmung des Realen durch die Kunst. Henry Kahnweiler meinte, wie Werner Hofmann ausführt, «daß ein Druckbuchstabe und ein Tapetenmuster den gleichen Formwert haben wie eine Linie, die sachlich nichts aussagt.» Zit. nach Werner Hofmann: Grundlagen der modernen Kunst. Eine Einführung in ihre symbolischen Formen, Stuttgart 1978, 54.
32. Für das «konkrete, absolute» Kunstwerk als «gegenstandsloses» Bild gebrauchen wir dennoch in Rücksicht auf den allgemeinen Sprachgebrauch den Begriff «abstrakt».
33. Eine Ausnahme war die Malerei Ernst Wilhelm Nays, auf die ich später zurückkommen werde.
34. «The last [happening] grew out of the advanced American painting of the last decade and I and the others were all painters (or still are) [. . .] The best of them [happenings] have come directly out of the rites of American Action Painting.» Ellen H. Johnson (Hg.): American Artists from 1940–1980, New York 1982, 60f.
35. Aus einem Vortrag von Allan Kaprow, gehalten am Williams College, Mass., März 1987 (unveröffentlicht).
36. «Happenings are events which, put simply, happen [. . .]. They appear to go nowhere and do not

make any particular literary point. In contrast to the arts of the past, they have no structured beginning, middle or end. Their form ist open-ended and fluid; nothing obvious is sought and therefore nothing is won, except the certainty of a number of occurences in which one is more than normally attentive. They exist for a single perfomance, or only a few more, and are gone forever, while new ones take their place.» Johnson 1982, 61.

37. «The most intense and essential happenings have been spawned in the old lofts, basements, vacant stores, in natural surroundings and in the street, where very small audiences, or groups of visitors, are commingled in some way with the event, flowing in and among its parts. There is thus no separation of audience and play (as there is even in round or pit theaters), the elevated picture window view of most playhouses, is gone, as are the expectations of curtain-openings and tableaux-vivants and curtain-closing [...]». Johnson 1982, 61.
38. Aus den oben dargestellten Gründen erscheint mir der Schluß Peter Bürgers, die sechziger Jahre als eine Kunst der «Neo-Avantgarde» zu verstehen, die nur noch erfolglos wiederhole, was die «historischen Avantgardebewegungen» bereits vorgemacht haben, in dieser Radikalität verfehlt. Denn erst in den sechziger Jahren kam auf breiter Front die volle Konsequenz des in der frühen Moderne angelegten Potentials zum Vorschein.
39. Bodo Marquardts Hinweis – im Anschluß an Harald Szeemanns Ausstellung ‹Der Hang zum Gesamtkunstwerk› –, das Gesamtkunstwerk des 19. Jahrhunderts (Richard Wagner) mit dem Hang zur Kunst gleich Leben der sechziger Jahre gleichzusetzen, ist insofern problematisch, als das Gesamtkunstwerk des 19. Jahrhunderts alle Mittel der Illusionierung bemühte und alle verfügbaren Gattungen einsetzte, um den höchsten Grad der *Täuschung* zu erzielen, also nur wieder jenen Effekt hervorzurufen, der im Apelles-Topos festgehalten ist, nämlich die Täuschung so weit zu treiben, daß die Kunst mit dem Leben *verwechselt* wird. Dieses Verwechseln, höchster Grad der Täuschung, ist gerade nicht das Ziel der Identitätstendenzen der sechziger Jahre, sondern umgekehrt: Die Abschaffung des Illusionismus führt erst zur Radikalisierung der Identitätsforderung «Kunst gleich Leben». Siehe Bodo Marquardt: «Nach der Postmoderne», in: Peter Koslowski, Robert Spaemann und Reinhard Löw (Hg.): Moderne oder Postmoderne? Zur Theorie des gegenwärtigen Zeitalters, Weinheim 1986, 51.
40. «[...] I was stuck to a certain extend; I couldn't go on. It did one thing for me: it eliminated composition, arrangement, relationships, light – all this silly talk about line, color and form – because that was a thing I wanted to get hold of. I put it in the center of the canvas because there was no reason to put it a bit on the side [...].» Johnson 1982, 21.
41. «Stella: The other thing is that the European geometric painters really strove for what I call relational painting. The basis of their whole idea is balance. You do something in one corner and you balance it with something in the other corner. Now the ‹new painting› is being characterized as symmetrical. Ken Noland has put things in the center and I'll use a

symmetrical pattern, but we use symmetry in a different way. In the newerAmerican painting we strive to get the thing in the middle, and symmetrical, but just to get a kind of force, just to get the thing on the canvas. The balance factor isn't important. We're not trying to jockey everything around.
Glaser: What is the ‹thing› you're getting on the canvas?
Stella: I guess you'd have to describe it as the image, either the image or the scheme. Ken Noland would use concentric circles; he'd want to get them in the middle because it's the easiest way to get them there, and he wants them there in the front, on the surface of the canvas. If you're that much involved with surface of anything, you're bound to find symmetry the most natural means. As soon as you use any kind of relational placement for symmetry, you get into a terrible kind of fussiness which is the one thing that most of the painters now want to avoid. When you're always making these delicate balances, it seems to present too many problems; [...].
Glaser: Why do you want to avoid compositional effects?
Judd: Well, those effects tend to carry with them all the structures, values, feelings of the whole European tradition. It suits me fine if that's all down the drain [...]. Vasarely's composition has the effect of order and quality that traditional European painting had, which I find pretty objectionable [...]. The objection is not that Vasarely's busy, but that in his multiplicity there's a certain structure which has qualities I don't like. [...]
Judd: The parts are unrelational [...]. When you start relating parts, in the first place, you're assuming you have a vague whole – the rectangle of the canvas – and definite parts, which is all screwed up, because you should have a definite *whole* and maybe no parts, or very few. The parts are always more important than the whole.
Glaser: And you want the whole to be more important than the parts?
Judd: Yes. The whole's it. The big problem is to maintain the sense of the whole thing.
[...]
Stella: [...] My painting is based on the fact that only what can be seen *is* there. It really is an object. Any painting is an object and anyone who gets involved enough in this finally has to face up to the objectness of whatever it is that he's doing. He is making a thing.» Zit. nach Bruce Glaser: «Questions to Stella and Judd», in: Art News, September 1966.

42. Z. B. Ellsworth Kelly. Neuerlich haben Wolfgang Drechsler und Peter Weibel den Dingcharakter der Bilder herausgearbeitet; sie verweisen auf die Feststellung Mondrians, der bereits die Verwandlung des Werks «zu einem gestalteten Gegenstand», zu einem «Gebilde», wie Drechsler und Weibel sagen, erkannt hatte. Bildlicht. Malerei zwischen Material und Immaterialität, Ausst.kat. Wien 1991, 99. Robert Delaunay sprach bereits von «Bildobjekten».
43. «The one object of fifty years of abstract art is to present art-as-art and as nothing else, to make it into one thing it is only, separating and defining it more and more, making it purer and emptier, more absolute and more exclusive – non-objective, non-representational, non-figurative, non-imagist, non-expressionist, non-subjective. The only and one way to say what

abstract art or art-as-art is, is to say what it is not.» Johnson 1982, 31.

44. Rodtschenkos monochrome Bilder gehören zu den alle Möglichkeiten der Abstraktion ausschöpfenden «Probeläufen» der russischen Avantgarde. Auch die «Streifenbilder» und das Sternbild Matjuschins sind Bestandteile dieses frühzeitig geschaffenen «Fundus der Moderne». Vgl. Klotz (Hg.) 1991, 13–18.
45. «At Black Mountain College in the fall of 1951 he [Robert Rauschenberg] had reduced his palette even further, but in the opposite direction. He had made a series of white paintings with no images at all, canvases to which ordinary white house paint had been applied evenly with a roller: Several of the identical white panels had been joined together to make larger paintings, up to nine feet long. ‹I always thought of the white paintings as being, not passive, but very – well, hypersensititve› he told an interviewer some years later. ‹So that one could look at them and almost see how many people were in the room by the shadows cast, of what time of day it was.› Shadows,reflections of moving or still objects, could usually be made out on these intensely white surfaces, proving, to Rauschenberg's satisfaction at least, that there was no such thing as an empty canvas. Life entered into them from the outside, without benefit of the artist's control.
John Cage once described the white paintings in an essay as ‹airport for lights, shadows, and particles›. Cage himself had been thinking for some time of making a piece of music that consisted entirely of silence. After seeing the white paintings for the first time, in the summer of 1952 at Black Mountain, he wrote his famous 4'33", a composition in three movements, lasting four minutes and thirty-three seconds, during which the pianist never touches a note (the pianist David Tudor solved the problem of delineating the movements by opening and closing the keyboard over three times). At its first performance in Woodstock, New York, that August, Tudor played 4'33" in an auditorium that was open to the woods at the back; during the first movement, attentive listeners could hear the sound of the wind in the trees; during the second, rain began to fall; during the third, the audience added its own perplexed mutterings to the other ‹sounds not intended› by the composer. Whether this was a case of art imitating nature or nature imitating art is perhaps open to question.» Calvin Tomkins: Off the Wall. Robert Rauschenberg and the Art World of our Time, Garden City, Long Island, 1980, 71.
46. «Albers believed that it was important to know everything there was to know about color, but he said that if you thought one color was better than another you were just expressing a personal preference. I really didn't trust my own taste, and I didn't want to do something that I knew would be just a personal preference of mine. I didn't want color to serve me, in other words – didn't want to use green to intensify red, because that would mean subordinating green. [...] I don't want a painting to be just an expression of my personality», so Rauschenberg, «I feel it ought to be much better than that.» Tomkins 1980, 70–72.

47. Vgl. den Begriff der «Serie» bei George Kubler: Die Form der Zeit. Anmerkungen zur Geschichte der Dinge, Frankfurt/M. 1982 (engl. 1962).

48. «Man muß sich erinnern, daß ein Bild, ehe es ein Schlachtroß, eine nackte Frau oder irgendeine Anekdote ist, vor allem und in erster Linie eine glatte Oberfläche ist, die mit Farben bedeckt ist, welche in gewisser Ordnung aneinandergefügt sind.»

49. Le Corbusier: Ausblick auf eine Architektur, Berlin 1963 (frz. 1923), 25. Es ist bezeichnend, daß Le Corbusier seinen Traktat ursprünglich «Architecture et Revolution» nennen wollte.

50. Jürgen Habermas hingegen charakterisiert die Architektur der Postmoderne als «Fluchtbewegungen» (Die neue Unübersichtlichkeit, 16). «So sehen sich diejenigen, die das unvollendete Projekt der ins Schleudern geratenen Moderne fortsetzen wollen, verschiedenen Gegnern konfrontiert, die nur in der Entschlossenheit [sic!], von der Moderne Abschied zu nehmen, übereinstimmen.» Op. cit., 15. Es geht nicht um eine «Entschlossenheit», die irgendeinen voluntaristischen oder dezisionistischen ideologiebestimmten Verhaltensgrund hat, also der Entscheidungsfreiheit von «radikalen Antimodernisten» (op. cit.) anheimgegeben ist, um ihr konservatives Süppchen zu kochen, sondern es geht um einen Diskurs der Moderne, der seinen eigenen Argumentationskonsequenzen folgt und in seiner Explikation nicht unendlich fortsetzbar ist, also von der Avantgarde gesetzten Vorgaben folgt, die sich erschöpfen.

In diesem Zusammenhang sind die Ausführungen von Peter Weibel zu beachten, der die Moderne seit Rodtschenkos monochromen Bildern als einen stets neuen Anlauf beschreibt, immer wieder «das Bild nach dem letzten Bild» zu malen. Rodtschenkos «Reine Farbe Rot, reine Farbe Gelb, reine Farbe Blau» möchte ich indessen jenen Erkenntnissen der russischen Avantgarde zurechnen, die ich als zum «Fundus der Moderne» gehörig beschrieben habe, vgl. Klotz (Hg.) 1991, 13–18. Anders als Peter Weibel: Das Bild nach dem letzten Bild, Köln 1991, 183–213, verstehe ich die Geschichte des letzten Bildes als einen Prozeß der Zuspitzung und Eskalation. Dieser hat das Werk eines Ad Reinhardt zur Folge, der während seiner letzten Lebensjahre immer nur das Malen des schwarzen Bildes wiederholt. Situationen wie diese führen zu einem Ende, das nicht die Wiederholung des stets letzten Bildes nach sich zieht, sondern die postmoderne Fiktionalisierung. Weibels phänomenologisch ahistorische Darstellung läßt deshalb auch die seiner Phänomenologie unbequemen Querschläger wie etwa die Pop Art oder den Surrealismus aus. Jedoch sei hervorgehoben, daß Weibel die bisher eindringlichste Darstellung dieser Avantgarde-Thematik des letzten Bildes gegeben hat. Vgl. hierzu auch Drechsler und Weibel 1991.

51. «Postmodernism opens with the sense of *irrevocable* loss and *incurable* fault. This wound is inflicted by the overwhelming awareness of death – a death that ‹begins› with the death of God and ‹ends› with the death of ourselves. We are in a time between times and a place which is no place.» Mark C. Taylor: Erring. A Postmodern A/Theology, Chicago/London 1984, 6.

Von einer «Kunst nach der Kunst» ist die Rede. Vgl. Arnold Gehlen: Zeit-Bilder. Zur Soziologie und Ästhetik der modernen Malerei, Frankfurt/M. $^{3}$1986 ($^{1}$1960); Gottfried Böhm spricht von einem «Finalstadium»: «Die Zeit der Unterscheidung», in: Dietmar Kamper und Willem van Rejen: Die unvollendete Vernunft. Moderne versus Postmoderne, Frankfurt/M. 1987, 225.

52. Ihab Hassan: «The Question of Postmodernism», in: Harry R. Garvin and Lewis Berg (Hg.): Romanticism, Modernism, Postmodernism, Toronto/London 1980, 117–126. Vgl. auch die Kritik an Hassan von Charles Jencks, in: What is Post-Modernism?, London 1986, 6.
53. Thomas Mann: Doktor Faustus, Frankfurt/M. 1949, 286f.
54. Op. cit., 288.
55. Heinrich Klotz (Hg.): Kunst und Gesellschaft – Grenzen der Kunst, Frankfurt/M. 1981, 21. Vgl. hier auch Karlheinz Bohrer, ebd.
56. «The final belief is to believe in a fiction, which you know to be a fiction, there being nothing else.The exquisite truth is to know that it is a fiction and that you believe in it willingly.» Wallace Stevens: Opus Posthumous, New York 1957, 163.
57. «Pop is everything art hasn't been for the last two decades. It is basically a U-turn back to a representational visual communication [...] It is an abrupt return to Father after an abstract fifteen year exploration of the Womb. Pop is a reenlistment in the world. It is shuck the Bomb. It is the American Dream, optimistic, generous and naive [...]. Pure Pop culls its techniques from all the present-day communicative processes [...].» Johnson 1982, 82.
58. Pop is the «involvement with what I think to be the most brazen and threatening characteristics of our culture, things we hate, but which are also powerful in their impingement on us [...]. The one thing everybody hated was commercial art.» Roy Lichtenstein, zit. nach Johnson 1982, 84.
59. «Donald Judd: Twentieth-century painting has been concerned mainly with emphasizing the artist's presence in the work, often with an unfinished quality by which one can participate in the experience of the artist, the process of painting the picture. You deny all this, too; your work has an industrial look, a non-man-made-look. [über Frank Stellas Werk].
    Frank Stella: [...] Still it was basically drawing with paint, which has characterized almost all twentieth-century painting. The way my own painting was going, drawing was less and less necessary. It was the one thing I wasn't going to do. I wasn't going to draw with the brush [...]. I found out that I just didn't have anything to say in those therms. I didn't want to make variations; I didn't want to record a path. I wanted to get the paint out of the can and onto the canvas». Johnson 1982, 116.
60. Lichtenstein bezog sich dabei auf Theo van Doesburg, der den Prozeß der Abstraktion, jedoch positiv gedacht, auf gleiche Weise dargestellt hatte.
61. Vgl. Werner Hofmann (Hg.): Markus Lüpertz, Ausst.kat. Hamburger Kunsthalle, Hamburg 1977.
62. Werner Krüger und Wolfgang Pehnt: Künstler im Gespräch, Köln 1984, 84.
63. Baselitz im Gespräch mit Evelyn Weiss, in: Jürgen Schilling (Hg.):

Baselitz, Ausst.kat. Kunstverein Braunschweig, Braunschweig 1981, 64.

64. Zit. nach Jürgen Harten (Hg.): Galerie h, Ausst.kat. polke/richter, Hannover 1966, 21.
65. Zit. nach Harten 1966, 57, Anm. 10.
66. Zit. nach Krüger und Pehnt 1984, 125.
67. Op. cit., 127.
68. Op. cit., 124.
69. Op. cit., 127.
70. Op. cit., 126.
71. Kasper König (Hg.), Von hier aus, Ausst.kat. Düsseldorf/Köln 1984, 433.
72. Krüger und Pehnt 1984, 125.
73. Habermas, Die neue Unübersichtlichkeit, 1985, 12.
74. Eduard Beaucamp: «Die Zukunft liegt in der Vergangenheit», in: FAZ, 14.6.1980 (Beilage).
75. Helmut Middendorf, Dieter Hakker und andere Maler der Neuen Wilden hatten zunächst selbst mit der Theorie des «ästhetischen Objektes» experimentiert, bevor sie sich bewußt von den Nachwirkungen der modernen Tradition abwandten, um einer neuen Malerei den Vorzug zu geben: Vgl. Heinrich Klotz, Die Neuen Wilden in Berlin, Stuttgart 1984, 111–112.
76. Vgl. Anm. 47.
77. Vgl. Anm. 49.
78. Adolf Loos, «Ornament und Verbrechen», in: Ulrich Conrads: Programme und Manifeste zur Architektur des 20. Jahrhunderts, Frankfurt/M./Berlin 1965, 15–21.
79. Hierzu ausführlicher Heinrich Klotz: «Was ist Funktionalismus», in: ders.: Gestaltung einer neuen Umwelt. Kritische Essays zur Architektur der Gegenwart, Luzern/Frankfurt/M. 1978, 18–32.
80. Im selben Jahr erschien von den beiden Ausstellungsinitiatoren: Henry-Russell Hitchcock und Philip Johnson: The International Style. Architecture since 1922, New York 1966 ([1]1932).
81. Hannes Meyer: Bauen und Gesellschaft. Schriften – Briefe – Projekte, Dresden 1980, 49.
82. Vgl. S. 86.
83. Vgl. Heinrich Klotz: Moderne und Postmoderne. Architektur der Gegenwart 1960–1980, Wiesbaden 1984, 182.
84. Die Grotesken eines Zuccari oder die Manierismen eines Giulio Romano stellen zwar die geltenden Formen der Harmonie und Vollkommenheit in Frage, sind jedoch kaum als kritische Auslassungen gegenüber dem Auftraggeber zu verstehen; eher bestätigen sie ihn, indem er solche Läßlichkeiten erlaubt.
85. Zu den einzelnen Architekten und zu den unterschiedlichen Richtungen der Postmoderne habe ich bereits ausführlich Stellung genommen in: Klotz, Wiesbaden 1984. Ich begnüge mich hier mit diesen zusammenfassenden Ausführungen.
86. An dieser Stelle ist es an der Zeit, die häufig zitierte Definition der Postmoderne von Umberto Eco anzuführen: «Die postmoderne Haltung erscheint mir wie die eines Mannes, der eine kluge und sehr belesene Frau liebt und daher weiß, daß er ihr nicht sagen kann ‹Ich liebe Dich inniglich›, weil er weiß, daß sie weiß (und daß sie weiß, daß er weiß), daß genau diese Worte schon, sagen wir, von Liala [die italienische Courths-Mahler] geschrieben worden sind. Es gibt jedoch eine Lösung. Er kann ihr sagen: ‹Wie jetzt Liala sagen würde: Ich liebe dich inniglich›. In diesem Moment, nach-

dem er die falsche Unschuld vermieden hat, nachdem er klar zum Ausdruck gebracht hat, daß man nicht mehr unschuldig reden kann, hat er gleichwohl der Frau gesagt, was er ihr sagen wollte, nämlich daß er sie liebe, aber daß er sie in einer Zeit der verlorenen Unschuld liebe. Wenn sie das Spiel mitmacht, hat sie in gleicher Weise eine Liebeserklärung entgegengenommen. Keiner der beiden Gesprächspartner braucht sich naiv zu fühlen, beide akzeptieren die Herausforderung der Vergangenheit, des längst schon Gesagten, das man nicht einfach wegwischen kann, beide spielen bewußt und mit Vergnügen das Spiel der Ironie [. . .], aber beiden ist es gelungen, noch einmal von Liebe zu reden.» Nachschrift zum ‹Namen der Rose›, München 1986, 79.

87. Werner Filmer und Robert Jungk: Terrassenturm und Sonnenhügel. Internationale Experimente für die Stadt 2000, Düsseldorf 1970.
88. Vgl. Andrea Gleiniger-Neumann: «Technologische Phantasie und urbanistische Utopien», in: Klotz (Hg.) 1986, 58–65.
89. Vgl. meinen Beitrag «Post-Moderne?», in: Jahrbuch für Architektur 1980/81, Wiesbaden/Braunschweig 1980, 7–9.
90. Siehe Anm. 3.
91. Ausführlich zur Begriffserklärung und Geschichte der Postmoderne s. Stichwort «Postmoderne», in: Nikolaus Pevsner, Hugh Honour und John Fleming (Hg.): Lexikon der Weltarchitektur, München [3]1992, 506–508.
92. Der «Bruch mit der Moderne» war von mir im Vorwort zu: Moderne und Postmoderne, als Ende der Avantgarde verstanden. Im Text des Buches spreche ich von einer «Revision der Moderne» (15–17, 46). Der Ausst.kat. des Deutschen Architekturmuseums, München 1984, trägt den Titel ‹Die Revision der Moderne›.
93. Siehe Anm. 4.
94. Vgl. Klotz (Hg.) 1986, 21–24, 336–381.
95. Klotz, Wiesbaden 1984, 309–315, 397–402.
96. Vilém Flusser: Ins Universum der technischen Bilder, Göttingen 1985.
97. Zit. in: Sieg über die Sonne. Aspekte russischer Kunst zu Beginn des 20. Jahrhunderts, Ausst.kat. Berlin 1983, 49.
98. Zit. in: Selim O. Khan-Magomedow: Rodtschenkow. The Complete Works, London 1986, 292.
99. Hubertus von Amelunxen: Die aufgehobene Zeit. Die Erfindung der Fotografie durch William Henry Fox Talbot, Berlin 1989, 42.
100. Zit. in: Birgit Hein und Wulf Herzogenrath (Hg.): Film als Film. 1910 bis heute. Vom Animationsfilm der 20er zum Filmenvironment der 70er Jahre. Ausst.kat. Kölnischer Kunstverein, Stuttgart 1978, 64.
101. Die Zitate stammen aus einem noch unpublizierten Text, den Florian Rötzer auf der Veranstaltung «Interface» am 6.2.1993 in Hamburg vorgetragen hat.

# Bibliographie


Amelunxen, Hubertus von: *Die aufgehobene Zeit. Die Erfindung der Fotografie durch William Henry Fox Talbot*, Berlin 1989.

Beaucamp, Eduard: «Die Zukunft liegt in der Vergangenheit», in: *FAZ*, 14. 6. 1980 (Beilage).

Bürger, Peter: *Theorie der Avantgarde*, Frankfurt/M. 1981 ([1] 1974).

–: «Im Schatten von Joseph Beuys», in: *Kunstforum International 90* (Juli-September 1987), 70–78.

Conrads, Ulrich: *Programme und Manifeste zur Architektur des 20. Jahrhunderts*, Frankfurt/M./Berlin 1965 ([2] 1981).

Damus, Martin: *Funktionen der bildenden Kunst im Spätkapitalismus*, Frankfurt/M. 1973

Drechsler, Wolfgang und Peter Weibel: *Bildlicht. Malerei zwischen Material und Immaterialität*, Ausst. kat., Wien 1991.

Eco, Umberto: *Nachschrift zum Namen der Rose*, München 1986.

Filmer, Werner und Robert Jungk: *Terrassenturm und Sonnenhügel. Internationale Experimente für die Stadt 2000*, Düsseldorf 1970.

Flusser, Vilém: *Ins Universum der technischen Bilder*, Göttingen 1985.

Garvin, Harry R. und Lewis Berg (Hg.): *Romanticism, Modernism, Postmodernism*, Toronto/London 1980.

Gaßner, Hubertus und Eckhart Gillen: *Zwischen Revolutionskunst und Sozialistischem Realismus. Dokumente und Kommentare. Kunstdebatten in der Sowjetunion 1917 bis 1934*, Köln 1979.

Gehlen, Arnold: *Zeit-Bilder. Zur Soziologie und Ästhetik der modernen Malerei*, Frankfurt/M. [3] 1986 ([1] 1960).

Glaser, Bruce: «Questions to Stella and Judd», in: *Art News*, Sept. 1966.

Güse, Ernst-Gerhard (Hg.): *Reliefs. Formprobleme zwischen Malerei und Skulptur im 20. Jahrhundert*, Ausst.kat., Münster 1980.

Habermas, Jürgen: *Die neue Unübersichtlichkeit*, Frankfurt/M. 1985.

–: *Der philosophische Diskurs der Moderne*. Zwölf Vorlesungen, Frankfurt/M. 1985.

Harten, Jürgen (Hg.): *polke/richter*, Ausst.kat., Galerie h, Hannover 1966.

Hein, Birgit und Wulf Herzogenrath (Hg.): *Film als Film. 1910 bis heute. Vom Animationsfilm der 20er zum Filmenvironment der 70er Jahre*, Ausst.kat. Kölnischer Kunstverein, Stuttgart 1978.

Hitchcock, Henry-Russell und Philip Johnson (Hg.): *The International Style. Architecture since 1922*, New York 1966 ([1] 1932).
Hofmann, Werner (Hg.): *Markus Lüpertz*, Ausst.kat. Hamburger Kunsthalle, Hamburg 1977.
–: *Grundlagen der modernen Kunst. Eine Einführung in ihre symbolischen Formen*, Stuttgart 1978.
Hübsch, Heinrich Baron von: *In welchem Style sollen wir bauen?*, Karlsruhe 1828.
Jencks, Charles: *The Language of Postmodern Architecture*, London 1977.
–: *What is Post-Modernism?*, London 1986.
Johnson, Ellen H. (Hg.): *American Artists from 1940–1980*, New York 1982.
Kahn-Magomedow, Selim O.: *Rodtschenko. The Complete Works*, London 1986.
Kamper, Dietmar und Willem van Reijen: *Die unvollendete Vernunft. Moderne versus Postmoderne*, Frankfurt/M. 1987.
Klotz, Heinrich: «Was ist Funktionalismus?», in: ders.: *Gestaltung einer neuen Umwelt. Kritische Essays zur Architektur der Gegenwart*, Luzern/Frankfurt/M. 1978, 18–33.
– (Hg.): *Kunst und Gesellschaft – Grenzen der Kunst*, Frankfurt/M. 1981.
–: *Moderne und Postmoderne. Architektur der Gegenwart 1960–1980*, Wiesbaden 1984.
–: *Die Neuen Wilden in Berlin*, Stuttgart 1984.
– (Hg.): *Die Revision der Moderne. Postmoderne Architektur 1960–1980*, Ausst.kat. Architekturmuseum Frankfurt/M., München 1984.
–: «Das Chicagoer Hochhaus als Entwurfsproblem», in: Zukowsky, John (Hg.): *Chicago-Architektur 1872–1922. Die Entstehung der kosmopolitischen Architektur im 20. Jahrhundert*, Ausst.kat. Architekturmuseum Frankfurt/M., München 1987, 59–78.
–: *Architektur des 20. Jahrhunderts. Zeichnungen – Modelle – Möbel*, Ausst.kat. Architekturmuseum Frankfurt/M., Stuttgart 1989.
– (Hg.): *Matjuschin und die Leningrader Avantgarde*, Ausst.kat. ZKM Karlsruhe, Stuttgart/München 1991.
– (Hg.): *Vision der Moderne. Das Prinzip Konstruktion*, Ausst.kat. Architekturmuseum Frankfurt/M., München 1986.
–: «Post-Moderne?», in: *Jahrbuch für Architektur 1980/81*, 1980, 7–9.
–: «Postmoderne», in: Pevsner, Nikolaus, Hugh Honour und John Fleming (Hg.): *Lexikon der Weltarchitektur*, München [3] 1992, 506–508.
König, Kaspar (Hg.): *Von hier aus*, Ausst.kat., Köln 1984.
Koslowski, Peter, Robert Spaemann und Reinhard Löw (Hg.): *Moderne oder Postmoderne? Zur Theorie des gegenwärtigen Zeitalters*, Weinheim 1986.
Krüger, Werner und Wolfgang Pehnt: *Künstler im Gespräch*, Köln 1984.

Kubler, George: *Die Form der Zeit. Anmerkungen zur Geschichte der Dinge*, Frankfurt/M. 1982 (engl. 1962).
Le Corbusier: *Ausblick auf eine Architektur*, Berlin 1963 (frz. 1923).
Loos, Adolf: «Ornament und Verbrechen», in: Ulrich Conrads: *Programme und Manifeste zur Architektur des 20. Jahrhunderts*, Frankfurt/M. / Berlin 1965, 15–21.
Lüdke, W. Martin (Hg.): *Theorie der Avantgarde. Antworten auf Peter Bürgers Bestimmung von Kunst und bürgerlicher Gesellschaft*, Frankfurt/M. 1976.
Mann, Thomas: *Doktor Faustus*, Frankfurt/M. 1949.
Meyer, Hannes: *Bauen und Gesellschaft. Schriften – Briefe – Projekte*, Dresden 1980.
Müller, Michael, Horst Bredekamp, Berthold Hinz u. a.: *Autonomie der Kunst. Zur Genese und Kritik einer bürgerlichen Kategorie*, Frankfurt/M. 1972.
Ruhrberg, Karl: *Kunst im 20. Jahrhundert*, Stuttgart 1986.
Schilling, Jürgen: *Aktionskunst – Identität von Kunst und Leben? Eine Dokumentation*, Luzern/Frankfurt/M. 1978.
– (Hg.): *Baselitz*, Ausst.kat. Kunstverein Braunschweig, Braunschweig 1981.
*Sieg über die Sonne. Aspekte russischer Kunst zu Beginn des 20. Jahrhunderts*, Ausst.kat. Berlin 1983.
Stevens, Wallace: *Opus Posthumous*, New York 1957.
Taylor, Mark C.: *Erring. A Postmodern A/Theology*, Chicago/London 1984.
*Tendenzen der zwanziger Jahre*, Ausst.kat. Berlin 1977.
Tomkins, Calvin: *Off the Wall. Robert Rauschenberg and the Art World of our Time*, Garden City, Long Island 1980.
Weibel, Peter: *Das Bild nach dem letzten Bild*, Köln 1991.
Welsch, Wolfgang: *Unsere postmoderne Moderne*, Weinheim 1987.

# Personenregister

# Bildnachweis

Basel, Kunstsammlung 79
Frankfurt/M., Deutsches Architekturmuseum 62, 64
Frankfurt/M., Galerie Grässlin-Ehrhardt VI
Karlsruhe, ZKM VIII
New York, SITE 57
Philadelphia, George Pohl 53
Tokio, Yukio Futagawa 54, 55
Wien, Galerie nächst St. Stephan, Rosemarie Schwarzwälder VII
Zürich, Galerie Jamileh Weber V
Rollin R. La France 50
Die übrigen Aufnahmen entstammen dem Archiv des Autors.

Die Reproduktionserlaubnis erteilten freundlicherweise:
© Georg Baselitz, Derneburg 1999 Abb. 27–30
© VG Bild-Kunst, Bonn 1999 Abb. III, 1, 7, 9, 10, 12, 20–22, 39, 43, 52, 73, 80, 82
© Demart pro Arte B.V./VG Bild-Kunst, Bonn 1999 Abb. 6
Anselm Kiefer, Barjac Abb. 41
© Markus Lüpertz, Courtesy Galerie Michael Werner, Köln und New York Abb. 23–26
Elisabeth Nay-Scheibler, Köln Abb. 14
Courtesy Galerie Pfefferle, München Abb. 40
Gerhard Richter, Köln Abb. I, 31–36
© Sucession Picasso/VG Bild-Kunst, Bonn 1999 Abb.8

# BUCHANZEIGEN

## Kunstwissenschaft

*Hans Belting*
**Das Ende der Kunstgeschichte**

Eine Revision nach zehn Jahren
1995. 232 Seiten mit 52 Abbildungen. Klappenbroschur

*Hans Belting/Lydia Haustein (Hrsg.)*
**Das Erbe der Bilder**

Kunst und moderne Medien in den Kulturen der Welt
1998. 204 Seiten mit 36 Abbildungen, davon 5 in Farbe. Klappenbroschur

*Anne-Marie Bonnet/Gabriele Kopp-Schmidt (Hrsg.)*
**Kunst ohne Geschichte?**

Ansichten zu Kunst und Geschichte heute
1995. 170 Seiten mit 8 Abbildungen, davon 2 in Farbe. Klappenbroschur

*Norbert Huse (Hrsg.)*
**Denkmalpflege**

Deutsche Texte aus drei Jahrhunderten
2., durchgesehene Auflage. 1996. 256 Seiten mit 22 Abbildungen. Klappenbroschur

*Norbert Huse*
**Unbequeme Baudenkmale**

Entsorgen? Schützen? Pflegen?
1997. 136 Seiten mit 41 Abbildungen. Broschiert

*Wolfgang Kemp*
**Die Räume der Maler**

Zur Bilderzählung seit Giotto
1996. 210 Seiten mit 60 Abbildungen, davon 4 in Farbe. Klappenbroschur